O CÓDIGO DE JAMES BOND

PHILIP GARDINER

O CÓDIGO DE JAMES BOND

O Mundo Secreto de Ian Fleming e James Bond

Tradução
CLAUDIA GERPE DUARTE

Editora Cultrix
SÃO PAULO

Título original: *The Bond Code.*

Copyright © 2008 Philip Gardiner.

Edição em inglês publicada originalmente pela Career Press, 3 Tice Rd., Franklin Lakes, NJ 07417, USA.

Todos os direitos reservados. Nenhuma parte deste livro pode ser reproduzida ou usada de qualquer forma ou por qualquer meio, eletrônico ou mecânico, inclusive fotocópias, gravações ou sistema de armazenamento em banco de dados, sem permissão por escrito, exceto nos casos de trechos curtos citados em resenhas críticas ou artigos de revistas.

A Editora Pensamento-Cultrix Ltda. não se responsabiliza por eventuais mudanças ocorridas nos endereços convencionais ou eletrônicos citados neste livro.

Design da capa: Dutton and Sherman.

Dados Internacionais de Catalogação na Publicação (CIP)
(Câmara Brasileira do Livro, SP, Brasil)

Gardiner, Philip
    O código de James Bond : o mundo secreto de Ian Fleming e James Bond / Philip Gardiner ; tradução Claudia Gerpe Duarte. — São paulo : Cultix, 2008.

    Título original: The Bond code : the dark world of Ian Fleming and James Bond
    Bibliografia

    1. Bond, James (Personagem fictício) 2. Fleming, Ian, 1908-1964 — Conhecimento — Ocultismo 3. Fleming, Ian, 1908-1964 — Personagem — James Bond 4. Histórias de espionagem inglesa — História e crítica I.Título. II. Título: O mundo secreto de Ian Fleming e James Bond.

08-09960   CDD-823.914

Índices para catálogo sistemático:
1. Escritores ingleses : Interpretação crítica
   823.914

O primeiro número à esquerda indica a edição, ou reedição, desta obra. A primeira dezena à direita indica o ano em que esta edição, ou reedição, foi publicada.

Edição	Ano
1-2-3-4-5-6-7-8-9-10-11	08-09-10-11-12-13-14

Direitos de tradução para o Brasil
adquiridos com exclusividade pela
EDITORA PENSAMENTO-CULTRIX LTDA.
Rua Dr. Mário Vicente, 368 — 04270-000 — São Paulo, SP
Fone: 2066-9000 — Fax: 2066-9008
E-mail: pensamento@cultrix.com.br
http://www.pensamento-cultrix.com.br
que se reserva a propriedade literária desta tradução.

SUMÁRIO

Introdução 9

Capítulo 1... 19
    Ian Fleming, Primeira Parte: Uma Breve Biografia............. 19

Capítulo 2... 29
    Os Romances de James Bond... 29

Capítulo 3... 51
    Ian Fleming, Segunda Parte: Primeiras Influências............. 51

O CÓDIGO DE JAMES BOND

Capítulo 4... 61
    Paracelso e a Gnose... 61

Capítulo 5... 71
    A Palestra.. 71

Capítulo 6... 85
    Ian Fleming, Terceira Parte: Influências Ocultas.............. 85

Capítulo 7... 113
    Religião, Filosofia e Televisão.. 113

Capítulo 8... 131
    Férias com James Bond.. 131

Capítulo 9... 137
    Ian Fleming, Quarta Parte: Influências Espirituais........... 137

Capítulo 10... 149
    Pessoas Influentes: em Detalhe... 149

Capítulo 11... 173
    O Código de James Bond em Nomes................................ 173

Apêndice A... 187
    Glossário... 187

Apêndice B... 201
    Cobras e Serpentes... 201

Apêndice C 215

O Número 7 215

Notas 223

Bibliografia 229

Introdução

Quando transformardes o dois em um, e quando fizerdes o exterior igual ao interior, e o em cima igual ao embaixo; quando criardes o homem e a mulher como um só, entrareis no reino de Deus.
— Evangelho de Tomé

Era inverno e as noites eram longas, escuras e frias. O melhor que havia a fazer nessa noite, em particular, era escapar para o mundo do cinema, com uma xícara de chá e uma fatia de bolo. Havia uma efervescência de tudo o que se referia a James Bond, tanto na televisão quanto nos jornais, e por eu ter sido uma criança do período de James Bond, sentei-me confortavelmente e assisti a alguns filmes em seqüência.

Raramente assisto à televisão, mas às vezes, independentemente do que possam pensar a respeito da manipulação mental, dos anúncios de TV e das informações enganosas, é agradável relaxar diante do aparelho. Na ocasião, eu acabara de escrever *The Ark, The Shroud, and Mary* e a minha cabeça estava, uma vez mais, repleta do mundo esotérico, do gnosticismo e do ocultismo. Se você nada sabe sobre o assunto, deixe-me explicar:

A palavra *esotérico* significa simplesmente conhecimento ou iluminação obtida pelo iniciado ou erudito. Ela é usada mais freqüentemente com relação a sociedades secretas ou assuntos metafísicos, nos quais está implícito um tipo de conhecimento especial ou diferente — o conhecimento da verdade, do eu e do equilíbrio. O conhecimento transmitido de adepto para iniciado, de mestre para discípulo, ou mesmo (como acreditam alguns) de seres superiores para seres humanos, pertence à esfera do esotérico. Em grego ele é *eis*, que significa "para dentro" ou "interiormente", de modo que o conhecimento é o obtido a partir do nosso interior. Desse modo, ele é o conhecimento, ou *gnose*, a que os nossos antepassados se referiam, e está situado no cerne de todas as religiões de mistério.

Com a palavra *oculto*, temos um conhecimento escondido do profano. A rigor, não se trata do conhecimento do sobrenatural, como popularmente se acredita; é apenas um conhecimento que está escondido porque a maioria não pode vê-lo. Essa base de conhecimento era em geral mantida longe dos olhos do público porque a Igreja usava termos como *herege* para aqueles que seguiam a crença de que Deus estava dentro de nós. Não faz tanto tempo que o adepto Eliphas Lévi (século 19) foi preso por afirmar essas coisas, de modo que a liberdade que gozamos hoje é um bem precioso não muito conhecido na história da humanidade. Se as massas tivessem compreendido que tudo o que realmente precisavam fazer na sua vida espiritual era descobrir o seu próprio eu, a ligação intuitiva com a natureza, e, por conseguinte, com o Divino dentro de cada um de nós, os dízimos e as doações espontâneas cessariam e o poder da Igreja se desintegraria. Da maneira como as coisas eram, e ainda são em grande medida, o Império Romano renasceu dentro da Igreja Católica, de modo que a religião consistia mais em manter e desenvolver uma base de poder do que em libertar a mente e a alma do homem; na verdade, ela dizia mais respeito a controlar e aprisionar.

Eliphas Lévi

Os meus outros livros contêm muito mais informações a respeito desses antigos processos de pensamento, e não desejo me repetir desnecessariamente; contudo, a semente dourada do pensamento foi plantada na nossa mente no princípio deste livro, como precisava sê-lo, pois o que estamos prestes a iniciar é a narrativa de um profundo pensamento oculto moderno. É oculto, porque todo mundo deixou de percebê-lo, e no entanto as palavras e as imagens foram colocadas bem diante de nós — visíveis e ao mesmo tempo invisíveis.

No passado, essas histórias de conhecimento esotérico eram definitivamente transferidas para os domínios da ficção, como aquelas em torno da busca do Santo Graal ou de Robin Hood. A ficção era um recurso maravilhoso para ocultar a verdade daqueles que queriam matar os hereges, e continua a ser ainda hoje. Grandes declarações são feitas na ficção moderna. *O Mágico de Oz* (o livro, e, em grande medida, o filme) foi um relato da política de poder do mundo, lançado no mesmo período em que Eliphas Lévi estava sendo preso. Também é possível dizer que os sapatinhos de prata (que foram trocados pelos de rubi no filme) e a viagem na estrada de tijolos amarelos/dourados poderiam ser alegorias para a jornada alquímica.

12 ▶◀ O CÓDIGO DE JAMES BOND

Foi nesse início do século 20 que Ian Fleming, o criador de James Bond e do livro infantil *Chitty Chitty Bang Bang*, veio ao mundo. E isso me leva de volta àquela escura noite de inverno em que eu estava enrodilhado no sofá, com uma xícara de chá, ao lado da minha mulher. Eu estava assistindo a *007 — Viva e Deixe Morrer*, com Roger Moore no papel do famoso espião e Jane Seymour como a bela garota de James Bond.

A história me impressionou, por ser, na verdade, muito oculta, e deu início a uma reação em cadeia dentro da minha cabeça, criando uma espécie de cascata que simplesmente não consegui evitar. No filme, James Bond é enviado para descobrir o motivo dos assassinatos de três agentes do serviço secreto no sul dos Estados Unidos. Durante a investigação, ele descobre uma horrível conspiração destinada a inundar o país de heroína, o que produziria milhões de viciados que precisariam de uma dose diária da droga, fazendo com que o preço subisse. O malfeitor é um homem chamado Kananga,[1] um gângster praticante do vodu que por acaso é o primeiro-ministro de St. Monique disfarçado. O ponto fraco de Kananga torna-se o ponto forte de James Bond, e o nome dela é Solitaire — uma jovem versada na leitura do tarô que é capaz de ler a alma de um homem e prever o futuro. Ela e James Bond se unem para derrubar o maníaco dualista e salvar o mundo. Ocorreu-me que, sem considerar as miríades de referências ocultas no filme (extraídas do livro), um conto de fadas moderno subjacente estava sendo representado: James Bond era o herói arquetípico, o cavaleiro de armadura reluzente, que vinha no majestoso cavalo salvar a donzela em perigo.

A trama é uma reestruturação de todos os outros romances de James Bond, e segue um padrão típico e antiqüíssimo. Como o romancista Umberto Eco explicou em *The Rough Guide to James Bond*, a trama é mais ou menos assim:

M, o homem no comando do M16, designa uma missão para James Bond. O vilão faz então uma jogada e aparece para James Bond, que, por sua vez, faz a sua jogada e assim por diante. Depois disso, a mulher (a garota de James Bond) faz a sua jogada e se revela a James Bond, que em seguida a toma ou possui. A seguir, o vilão captura Bond e o tortura. O nosso herói então escapa, derrota o vilão e se junta com a Bond girl.[2]

Essa trama subjacente ocorre de várias maneiras em todos os romances e filmes de James Bond, sendo o padrão segundo o qual Ian Fleming define o seu personagem. Trata-se, na verdade, da história de uma jornada, e se aproxima da *magnum opus* ou "grande obra" do alquimista — o trabalho sobre o eu.

A Alquimia

Para muitos, a alquimia é um trabalho que se destina a transformar ou transmutar uma substância de pouco valor, como o chumbo, em ouro. Para outros, ela envolve a tarefa de descobrir o elixir da vida. Para outros ainda, é o trabalho do autodia*gnose* — o caminho que precisamos percorrer para poder renascer, ressuscitar ou nos renovar. Todas essas explanações são verdadeiras, pois os alquimistas do passado de fato tentavam criar a suprema recompensa, tanto física quanto metafísica. No entanto, quer interpretemos o simbolismo da grande obra de modo literal, quer metafórico, o trajeto parece o mesmo: começa com a descoberta que o Mestre (M) revela para o adepto (James Bond). O Mestre transmite determinados níveis de informação para o adepto ou iniciado investigar, e ao fazer isso o adepto encontrará o seu próprio caminho em direção à verdade. No lado metafórico, ao buscar a verdade, o adepto segue a pista que lhe é apresentada pelo Mestre, o que revela o lado mais sombrio do seu eu — o vilão. Essa é a revelação de Mani, como descobriremos — a natureza dual do eu. A fim de prosseguir, o adepto precisa se reduzir — eliminando os aspectos negativos da personalidade que nos impedem de enxergar o verdadeiro eu — e ser recriado, ou unir os seus aspectos masculinos e femininos, positivos e negativos — a conjunção alquímica. A esfera lógica e a emocional precisam estar em harmonia para que a grande obra da salvação se realize. A redução (geralmente representada pela tortura) pode acontecer mais de uma vez, sendo na verdade um processo repetitivo de formação e redução. James Bond, na qualidade de alter ego de Ian Fleming, está representando o papel do alquimista na tela, diante de nós. Não percebemos isso porque a história se passa no mundo moderno e não no século 16.

Como eu tinha passado muitos anos lendo textos sobre alquimia e já escrevera extensamente a respeito do trabalho sobre o eu, não fiquei nem um pouco surpreso ao encontrar esses elementos dentro do personagem James Bond e das tramas. Mesmo assim, quando decidi empreender a pesquisa por trás do próprio Ian Fleming, eu não estava preparado para o que descobri.

As histórias de James Bond não são apenas filmes de suspense e espionagem populares. Este livro que você tem nas mãos é a extraordinária narrativa de como Ian Fleming e as suas associações com o mundo das *ciências ocultas* efetivamente o levaram a criar uma série magistral de *pistas, chaves* e *códigos* nos seus romances, revelando uma verdade sagrada que ele descobrira enquanto buscava a sua harmonia interior.

Algumas palavras e conceitos, como *alquimia* e *gnose*, podem parecer estranhos para o leitor, mas revelarei neste livro a verdade sobre eles numa abordagem simples e gradativa. Na verdade, os códigos incluídos neste livro farão com que as pessoas reavaliem radicalmente outras obras, como *O Código Da Vinci*.

Vamos delinear a história não narrada de Ian Fleming e o motivo pelo qual ele escreveu as histórias de James Bond. Essa narrativa precisa começar com as influências sofridas pelo homem.

As influências

▶ Na juventude, Ian Fleming foi enviado para escolas "especiais" na Áustria para superar questões pessoais, criadas por uma mãe dominadora, um pai falecido e um irmão mais velho bem-sucedido. Fleming, no entanto, enganou a todos, inclusive os médicos.

▶ Ian Fleming declarou explicitamente que James Bond era maniqueísta, conceito perfeitamente compatível com os supostos segredos de certas sociedades às quais Fleming pertencia. Trata-

se dos mesmos segredos considerados sagrados pelas sociedades secretas ao longo do tempo.
▶ Um fato relativamente desconhecido pelo público em geral é que Ian Fleming na verdade traduziu uma palestra proferida pelo psicanalista Carl Jung sobre o alquimista, médico e mago Paracelso, e iremos examinar rapidamente, pela primeira vez, esse texto.
▶ James Bond, como o matador de dragões desses mitos modernos, precisa se unir ao espírito feminino para salvar o mundo. Esse é o segredo da arte da alquimia em ação, e, junto com outros padrões adicionais dentro dos romances, revela que Fleming percebia os conceitos alquímicos como o processo de auto-aperfeiçoamento e de autoconhecimento, mergulhado em uma linguagem e códigos ocultos.
▶ Ian Fleming associou-se a místicos e pessoas de inclinação espiritual, ou foi influenciado por elas, o que revela os seus pensamentos internos e ocultos — pessoas como Rosamond Lehmann, Edith Sitwell (com quem Fleming pretendia escrever um livro sobre o místico Paracelso), Aleister Crowley, Sybil Leek, Sefton Delmer,

Edith Sitwell

Dennis Wheatley, Sax Rohmer, dr. John Dee e Carl Jung. Na verdade, é de conhecimento geral que Fleming mantinha os seus "grupos" bem separados uns dos outros, em prol do sigilo, e com o deslindamento do Código James Bond, vamos revelar a profundidade que essa rede oculta verdadeiramente atingiu.

O Código James Bond

- ▶ O código 007 (um código numerológico sagrado) era o do mago e ocultista dr. John Dee do século 16, o lendário místico e espião do reinado da Rainha Elizabeth I.[3]
- ▶ A própria rainha assinava "M" nas cartas que escrevia para Dee.
- ▶ Dee foi expulso da universidade por ter criado uma máquina voadora. Fleming escreveu o alquímico *Chitty Chitty Bang Bang*. Também sabemos que ele estava lendo uma biografia de Dee na ocasião em que estava escrevendo *Casino Royale*, o primeiro romance de James Bond!
- ▶ O outro número dado a Bond, 7777, também encerra um significado numerológico. Outros códigos numerológicos também estão presentes, como o Magic 44.
- ▶ Fleming chamou o seu refúgio de Goldeneye,[4] por causa de certos termos ocultos. O local era conhecido como Oracabessa, a cabeça de ouro, e é um símbolo bastante conhecido nos círculos alquímicos e místicos como o do homem que atingiu a perfeição. Chamar o local de Goldeneye também simbolizava o olho que a tudo vê.

A etimologia dos nomes e palavras usadas por Fleming é fundamental. Na alquimia, a serpente é um símbolo de regeneração e sabedoria, mas também de energia negativa. É o símbolo do dualismo, o qual Fleming enfrentou a vida inteira. Entre os nomes simbólicos estão Ourobouros Fish and Bait Company (o ourobouros é uma serpente que morde a própria cauda); Hugo Drax (Drax é o dragão, a serpente alada, e Hugo é mente, espírito ou coração); Auric Goldfinger[5] (*áurico* é um termo alquímico para ouro, o dedo de ouro indica o próprio alquimista, cujos dedos se transformam em ouro por intermédio da grande obra — que na verdade é conhecida como fraude, uma prática habitual de Goldfinger e na qual ele é apanhado com freqüência); Mr. Big, que também era conhecido como "Gallia" (uma substância metálica alquímica) e "Kananga" (um termo vodu e angolano para a água utilizada na purificação); a rede de espiões de Blofeld em Tartar (a referência grega ao Inferno); Scaramanga (uma "caricatura do que está no interior"); e finalmente, Le Chiffre, o vilão de *Casino Royale,* cujo nome, em hindi e sânscrito (os idiomas dos filósofos orientais) é Shunya. Essa palavra, *Shunya* ou *Sunya*, é um termo para Vazio ou Nada. Não é o nada percebido pelos olhos ocidentais, e sim uma realidade metafísica diferente da qual tudo deriva. É a origem do verdadeiro eu, e aqui Fleming está ressaltando que o código com James Bond é a fonte de tudo. Na verdade, se examinarmos mais profundamente a palavra, descobriremos que ela significa o absoluto, a consecução, a realização e a iluminação, sendo freqüentemente retratada como o "terceiro olho".

▶ O próprio James Bond está relacionado com a serpente. A sua esposa, Tracey, era conhecida como Draco (o dragão ou a serpente alada).

Em resumo, Fleming vivia num mundo de fantasia a fim de escapar do seu tumulto interior, algo que provocou a sua morte, pois ele fumava setenta cigarros por dia e bebia uma enorme quantidade de álcool. Esse mundo de fantasia o conduziu à terra do ocultismo e do pensamento gnóstico. Ele criou o seu alter ego imaginário como um grande trabalho alquímico destinado a ocupar a sua mente caótica, como muitos antes dele fizeram. Mas ele deixou um legado de pistas e códigos para que nós os decifrássemos, exatamente como os nossos amigos medievais o fizeram centenas de anos atrás.

Vamos descobrir também que Fleming era membro de sociedades secretas radicais, tanto no período em que esteve no serviço secreto quanto na Inglaterra do pós-guerra. Os códigos deixados por Ian Fleming no seu trabalho são os dos segredos dessas sociedades.

Algumas das ligações ocultas nas páginas deste livro são comprovadas ou comprováveis, e outras são conjecturas, baseadas nas inúmeras influências sobre o trabalho de Fleming e referências ao seu trabalho. O problema é que Ian Fleming conservava os seus amigos bem separados uns dos outros, mantendo assim os seus segredos bem guardados. Outra coisa que Fleming fez foi dar vários motivos para o nome e as ações dos seus personagens, com freqüência mudando de idéia ou encontrando um novo lugar para onde pudesse desviar a atenção. Esse fato é bem documentado por todos os seus biógrafos, mas ninguém fez a pergunta: por quê? O que Fleming pretendia com esse desvio? O que ele estava escondendo? Como algumas dessas conjecturas podem parecer às vezes implausíveis, marquei os tiros no escuro com um asterisco (*) para indicar que novos indícios são necessários para provar plenamente a teoria. Eu as incluí para que o leitor as aprecie, porque novas evidências poderão vir à luz no futuro.

CAPÍTULO 1

IAN FLEMING, PRIMEIRA PARTE: UMA BREVE BIOGRAFIA

Ian Lancaster Fleming nasceu em Mayfair, Londres, filho de Valentine Fleming e Evelyn St. Croix-Rose Fleming, no dia 28 de maio de 1908 e morreu em 12 de agosto de 1964. O seu pai foi, durante um certo período, membro do Parlamento britânico (ele morreu em combate na Primeira Guerra Mundial, e a sua mãe descendia de sangue real. O seu irmão mais velho, Peter Fleming, se tornaria um dos mais famosos narradores de viagens[6] e, antes de James Bond tornar-se popular, Peter involuntariamente ofuscava tudo o que Ian fazia.

Ian Fleming nasceu na classe de ingleses para quem todas as opções estão abertas e, no entanto, conseguiu fechar sozinho cada uma delas. A família Fleming era abastada, particularmente porque o avô, Robert Fleming, era um banqueiro escocês de sucesso (a empresa da família tinha sido vendida por 7 bilhões de dólares). Entretanto, o testamento de Valentine Fleming estipulou que Evelyn só conservaria a riqueza da família se nunca voltasse a se casar, o que ocasionou constantes problemas familiares durante toda a vida de Ian. Outra questão foi o fantasma do seu pai como o erudito parlamentar e herói de guerra. Ian Fleming foi criado a partir dos 8 anos sem o pai e sob o jugo da mãe dominadora. Os meninos costumavam rezar e pedir a Deus para que fossem tão bons quanto o pai. Lamentavelmente, Ian Fleming não foi capaz de viver à altura desses ideais, não conseguindo nem ser membro do parlamento, para o qual se candidatou uma vez, nem um herói de guerra. Por outro lado, o irmão, Peter, teve êxito, e na verdade distinguiu-se em tudo o que fez, no esporte, na literatura e até mesmo no papel de herói de guerra.

A educação de Ian Fleming em Eton não caminhou tão bem quanto a do irmão mais velho, que alcançou um sucesso extraordinário, de

Ian Fleming, sempre com um cigarro na mão

modo que ele foi transferido para uma situação "mais conveniente" na Royal Military Academy em Sandhurst, embora tivesse ganho o Victor Ludorum ("Vencedor dos Jogos" em latim) em Eton, durante dois anos consecutivos. Para desgosto da mãe, Ian não simpatizou com Sandhurst, de modo que ela o mandou para o exterior para "aprender línguas". Ele viajou para a Áustria, onde passou algum tempo em Kitzbuhel com o discípulo adleriano Forbes Dennis e a sua esposa americana, Phyllis Bottome. A história inventada foi que Ian teria ido aperfeiçoar o seu alemão e outros idiomas, mas a viagem foi, na verdade, uma tentativa de corrigir o problemático adolescente. Depois do período que passou na Áustria, ele seguiu em frente e acabou desapontando todo mundo ao conseguir o emprego de subeditor e jornalista da agência de notícias Reuters. Mais tarde, também trabalhou como corretor da bolsa na corretora Rowe and Pitman, em Bishopsgate. Nessa ocasião, foi morar em Belgravia, na 22B Ebury Street, para ser exato, onde passava o tempo oferecendo jantares para os amigos. Ele tentava viver a vida da alta sociedade sem ter os recursos financeiros necessários, e sempre parecia oferecer uma fachada que enganava a todos. Interiormente, ele estava entediado. A bolsa de valores não oferecia grandes emoções, e ele obviamente tinha inveja do irmão famoso, que passeava pelo mundo todo. Ian colecionava livros e começou a formar uma extensa rede de amigos que se revelariam úteis para a sua futura vida de romancista, em grande parte porque lhe ofereciam uma lista de personagens entre os quais podia escolher.

Amigos no Ministério das Relações Exteriores organizaram uma estimulante excursão para o jovem Fleming em 1939, e o enviaram para a Rússia sob os auspícios do jornal *Times*, para quem trabalharia como repórter. Na verdade, ele estava atuando o tempo todo como espião para o Ministério das Relações Exteriores. Outros jornalistas detectaram o estratagema, mas ficaram calados.

Em maio de 1939, a guerra irrompera em toda a Europa, e a Grã-Bretanha estava se preparando para algumas das batalhas mais sangrentas da sua história. Ian Fleming precisava de um cargo, e foi logo recrutado pelo Contra-Almirante John Godfrey, diretor do serviço de inteligência naval, como o seu assistente pessoal. Fleming saiu da reserva voluntária da Marinha Real Britânica para a patente de capitão-de-corveta e depois, finalmente, para a de capitão-de-fragata — a patente que ele posteriormente daria a James Bond. Parecia que a natureza peculiar, arrogante, imaginativa e franca de Ian Fleming funcionava bem para o serviço de inteligência, desde que fosse mantida sob controle. Ele trabalhou incansavelmente durante a guerra, vindo a conhecer bem todas as seções. Ser assistente pessoal do contra-almirante era uma enorme responsabilidade, e Fleming apreciou o cargo, tomando medidas para aprender tudo o que fosse possível, absorvendo as informações como se fosse uma esponja e armazenando-as involuntariamente para os futuros romances de James Bond. Foi inclusive nessa época que Fleming conseguiu desenvolver a sua destreza literária produzindo diariamente relatórios de situação e memorandos regulares, muitos dos quais dão a impressão de ser romances de James Bond. Com o tempo, ele veio a realizar trabalhos escritos para o Political Warfare Executive, o Joint Intelligence Committee, o Special Operations Executive e o Secret Intelligence Service.

Entre 1941 e 1942, o Contra-Almirante Godfrey, acompanhado de Fleming, fez viagens secretas aos Estados Unidos a fim de iniciar e manter o diálogo entre as várias agências de inteligência recém-criadas naquele país, travando conhecimento com figuras clássicas como J. Edgar Hoover e William Stephenson. Em 1941, o general americano William Donovan pediu a Fleming que escrevesse um memorando esboçando a estrutura de um serviço secreto proposto. A incumbência fez a mente de Fleming correr a mil por hora, e superestimulou a sua imaginação. Ele concluiu a tarefa e recebeu pelos seus serviços uma pistola Police Positive Colt calibre 38, na qual estavam gravados os dizeres "Por Serviços Especiais". O memorando que Fleming redigiu foi, na verdade, parcialmente utilizado quando o OSS foi organizado. O OSS, ou Office of Strategic Services, era a agência de inteligência americana formada durante a Segunda Guerra Mundial, que ajudaria mais tarde a criar a CIA.

Ian Fleming

Fleming também viajou para o Ceilão, a Jamaica, a Austrália, a França, a Espanha e o norte da África, visitando embaixadas e organizando a Operation Goldeneye, designada por ele, para defender Gibraltar.

Em 1942, Ian Fleming tinha adquirido a autoridade necessária para formar a sua própria unidade de assalto de elite conhecida como 30 AU (30 Auxiliary Unit), que ele apelidou de "Red Indians". Os homens eram treinados de maneira bastante semelhante à do futuro James Bond, com abertura de fechaduras, manuseio de explosivos, armas de fogo e combate. Todos eram homens muito inteligentes, versáteis e corajosos, e eram de fato os verdadeiros e originais personagens de James Bond, sendo enviados ao território inimigo para deslindar códigos secretos e armas interessantes. Eles foram tão bem-sucedidos que Fleming conseguiu aumentar o número e a força deles a ponto de, no final da guerra, serem um grupo quase poderoso demais para ser dirigido por um mero capitão-de-fraga-

Noel Coward

ta, de modo que Fleming começou a perder o controle para oficiais de patentes mais elevadas.

Depois da guerra, Fleming não começou imediatamente a escrever livros. Em vez disso, voltou a trabalhar em jornalismo e acabou indo parar no *Times*. Ele passava o tempo sociabilizando-se com vários grupos que mantinha bem separados uns dos outros, sendo alguns deles secretos; continuou a expandir a sua biblioteca, que contava com as primeiras edições de *Mein Kampf*[7] e *On the Origin of Species*,[8] e mudou-se parcialmente para uma casa na Jamaica, à qual ele deu o nome de Goldeneye. Em 1953, ele se armou de coragem para finalmente escrever o seu primeiro romance e publicou *Casino Royale*. As vendas do livro foram lentas no início, o que fez com que Fleming se perguntasse se algum dia as suas obras iriam decolar. Assim sendo, ele fez o que todos os bons escritores têm que fazer: promoveu-se agressivamente, o que por fim valeu a pena: o mercado americano se abriu para ele e as vendas cresceram vertiginosamente.

Fleming deu então início a uma rotina que continuaria pelo resto da sua breve vida: em janeiro de cada ano, ele voava para a Jamaica para evitar as desagradáveis condições atmosféricas da Inglaterra e escrever os seus romances. Permanecia ali até março, quando voltava e reassumia a sua função no império Kemsley dos jornais. Mais tarde, conheceu Anne Rothermere. Eles se apaixonaram e foram de fato amantes durante vários anos. Anne acabou engravidando de Fleming, de modo que se divorciou do marido e se casou com Ian Fleming. Ela deu à luz Caspar, o único filho de Ian, o qual faleceu em 1975.

O círculo de amizades de Fleming era inacreditável, e ninguém jamais anotou todos os nomes, pois ele os mantinha bem separados uns dos outros. A lista inclui personalidades famosas como Noel Coward, Cyril

Connolly, Edith Sitwell, William Plomer, Peter Quennell, Raymond Chandler, Kingsley Amis e até mesmo membros da "realeza" americana, a família Kennedy. Certa ocasião, a casa de Fleming na Jamaica foi usada pelo primeiro-ministro da Grã-Bretanha, Anthony Eden, enquanto se restabelecia de uma doença.

Fleming escreveu um total de doze romances e nove contos, todos dando destaque ao famoso sofisticado e charmoso superespião. Muitas pessoas ficam surpresas quando descobrem que Fleming também é autor do romance infantil *Chitty Chitty Bang Bang*, porque o filme foi adaptado por Roald Dahl, e é bem diferente do livro.

Em 1961, Fleming já tinha vendido os direitos de filmagem de todos os seus livros de James Bond, atuais e futuros, para Harry Saltzman. Com Albert R. "Cubby" Broccoli, Saltzman produziu o primeiro filme de James Bond, *007 Contra o Satânico Dr. No*, em 1962, com Sean Connery no papel principal. Fleming na verdade desejara que David Niven, seu amigo íntimo, interpretasse esse papel, e também pedira que o seu primo em segundo grau, Christopher Lee, fosse considerado para o papel do Dr. No:

> Ele me disse: "Um dos meus livros está para ser filmado. Você já leu *Dr. No*?" Eu respondi que a notícia era boa e que eu já tinha lido o livro. "Gostaria que você interpretasse o Dr. No. Você se encaixa no papel", disse ele. Bem, o Dr. No tem dois metros de altura e é muitos centímetros mais alto do que eu, mas por outro lado, ele aumentava a sola do sapato. O Dr. No tinha mãos de aço, possivelmente inspiradas nas mãos que usei em *As Mãos de Orlac*, e era um oriental sinistro, como fui muitas vezes. Assim sendo, pareceu-me bastante lógico, e não apenas o capricho de um primo, que ele tenha me escolhido para interpretar o Dr. No. "Excelente", disse eu, "maravilhoso!" "Pedi a eles que lhe ofereçam o papel", disse ele.[9]

É claro que todos os que assistiram ao filme sabem que Christopher Lee na verdade não obteve o papel do Dr. No, mas algum tempo depois da morte de Ian Fleming, ele foi convidado para interpretar Scaramanga em *007 Contra o Homem com a Pistola de Ouro*.

Ian Fleming viveu apenas o suficiente para assistir ao segundo filme de James Bond, *Moscou Contra 007*, lançado em 1963. Durante décadas ele fumara mais de sessenta cigarros por dia e bebera os mais diferentes tipos de bebidas alcoólicas. O seu médico certa vez insistiu em que ele diminuísse o consumo de álcool e reduzisse para sessenta os setenta cigarros que fumava. No entanto, como disse Fleming: "Preferiria que a minha centelha se extinguisse em um reluzente esplendor do que fosse sufocada pela podridão. Preferiria ser um majestoso meteoro, com cada átomo meu em um brilho magnífico, do que um planeta adormecido e permanente. A devida função da vida é viver, não existir. Não vou desperdiçar os meus dias tentando prolongá-los. Pretendo usar o tempo".[10]

Em 1964, Ian Fleming teve uma gripe muito forte, que lhe atacou o peito, combinada com pleurisia, o que o forçou a contemplar uma lenta convalescença. Isso era impossível para a sua mente, da mesma maneira que uma recuperação rápida era impossível para o seu corpo. Ele diminuiu um pouco o ritmo, mas continuou a freqüentar reuniões no *Times*, onde trabalhava. Na verdade, dizia-se que ele se obrigou a compare-

Sean Connery como James Bond

cer à reunião do conselho do clube de golfe do Royal St. George, em Sandwich, e chegou até mesmo a ficar para o almoço. Entretanto, nesse mesmo dia, à noite, declarou estar sentindo um "grande desespero", e no dia seguinte teve uma hemorragia tão forte que foi levado às pressas para o Canterbury Hospital.

Ian Fleming morreu de um ataque do coração, no dia 12 de agosto de 1964, no Canterbury Hospital, Kent, com apenas 56 anos de idade. Ele foi enterrado no adro de Sevenhampton, perto de Swindon, Inglaterra. Em 1975, o seu filho, Caspar, juntou-se ao pai, e em 1981 a sua esposa, Anne, fez o mesmo.

A idéia que Fleming fazia de James Bond

CAPÍTULO 2

Os Romances de James Bond

James Bond, tendo tomado dois uísques duplos, estava sentado no último saguão de embarque do Aeroporto de Miami pensando a respeito da vida e da morte.

— Ian Fleming,
frase inicial de *Goldfinger*

Agora que sabemos um pouco a respeito de Ian Fleming e entendemos um pouco sobre o papel dos contos de fadas e do mundo esotérico, está na hora de dar um breve passeio pelos romances e contos de James Bond, para adquirir um sentimento global do tema, de realidades ao mesmo tempo óbvias e ocultas, vindas da mente de um homem dividido e, contudo, inteligente.

Como já descobrimos, permeando as histórias de James Bond existe um fio ou padrão constante de confrontação com o medo mais sombrio, de união e determinação, que desperta ou aguça a nossa curiosidade.

Compreender e tomar consciência desses padrões abrirá diante de nós um novo mundo, à medida que deciframos o Código de James Bond. Incluirei nos próximos parágrafos algumas pistas relacionadas com vários personagens, com o significado etimológico do nome apresentado entre parênteses.

A maioria das pessoas conhece James Bond apenas por intermédio dos filmes. Elas cresceram com Roger Moore, George Lazenby, Sean Connery, Pierce Brosnan e, é claro, com Daniel Craig, que começou a sua carreira de James Bond com *Casino Royale*, a partir do primeiro romance de James Bond.

Casino Royale

(Filme: 007 — Casino Royale)

Publicado em 13 de abril de 1953, no Reino Unido, e em 1955 nos Estados Unidos, esse foi o primeiro romance de James Bond escrito por Ian Fleming e o segundo filme de James Bond dirigido por Martin Campbell, que também dirigiu o primeiro filme em que Pierce Brosnan interpretou James Bond, *007 Contra Goldeneye*. Os primeiros títulos que Fleming escolheu para o livro foram *The Double-O Agent* e *The Deadly Gamble*, mas foram preteridos em favor de *You Asked for It* com o subtítulo de *Casino Royale*. Já em 1960, o subtítulo substituíra *You Asked for It*.

Na trama, a SMERSH, agência soviética de contra-espionagem, levanta fundos na mesa de bacará em um cassino francês, com o vilão, Le Chiffre, jogando o tempo todo. James Bond, na qualidade de agente duplo zero e exímio jogador de bacará, é enviado para derrotar Le Chiffre e dar um basta nessa tentativa de arrecadação de recursos. Com dinheiro americano e a ajuda do agente da CIA Felix Leiter, Bond consegue arruinar Le Chiffre (o código). Entretanto, este último também tem uma assistente chamada Vesper Lynd (nascimento da noite), que também por acaso é uma agente russa que trai a sua lealdade à União Soviética para ajudar James Bond. No entanto, este é capturado por Le Chiffre e torturado, mas é salvo por agentes da SMERSH, que são chamados para matar Le Chiffre. Eles libertam James Bond depois de marcá-lo com um S de "spy" (espião, em inglês) na mão esquerda. O S, segundo nos dizem, é cirílico, da linguagem de São Cirilo, cristão devoto que se dedicou à busca da sabedoria celestial aos 7 anos de idade.

James Bond passa então três semanas convalescendo, ao lado de Vesper Lynd, quando expressa o desejo de deixar o serviço ativo. No entanto, o passado de Lynd a assombra quando o agente Gettler (*Deus* em alemão, derivado de *got*) é visto rondando nas proximidades, e Lynd comete suicídio. James Bond, tendo superado tantas coisas na sua união com esse princípio feminino, precisa então sofrer as conseqüências do que é semeado, e tem que recomeçar o processo.

Parece que ninguém consegue fugir do passado, pois Deus sempre nos alcança. Tudo o que podemos fazer é purgar a alma. Isso está na essência do Código de James Bond.

De acordo com as famosas meias verdades e explicações improvisadas de Fleming, ele teria escrito *Casino Royale* para desviar a atenção do seu casamento vindouro com Madame Rothermere. Fleming era famoso por explicar as coisas com declarações simples, e freqüentemente entrava em contradição. É possível que o livro tenha sido escrito no período anterior ao seu casamento e que o sucesso dessa união estivesse perturbando a sua mente, mas o fato é que as suas declarações (e as de outras pessoas) revelam que ele estivera reunindo os elementos de *Casino Royale* na sua cabeça por algum tempo. No livro, Fleming revela que ele precisa do princípio feminino para terminar o trabalho, mas se debate com o aspecto negativo desse conceito. Ele está mostrando como ele próprio lutou contra a idéia de ter que se oferecer como um sacrifício virtual à união, tanto fisicamente à sua futura esposa quanto internamente ao elemento emocional dentro de si mesmo, e não apenas como a mente ordenada, clara e lógica que ele desejava retratar para o mundo mais amplo. Este também é um elemento encontrado em grande medida na vida do ocultista e companheiro de Fleming, Aleister Crowley, de modo geral incompreendido por muitos comentaristas, que o consideravam alguém com uma opinião negativa sobre as mulheres.

Aleister Crowley

A introdução de Le Chiffre também é o primeiro vislumbre que temos do interesse de Fleming pelo mal-afamado Aleister Crowley. A descrição física de Le Chiffre no romance corresponde à de Crowley, e os entusiastas de James Bond no mundo inteiro acreditam que todos os vilões dos romances de Fleming eram baseados nesse personagem "diabólico".

Live and Let Die
(Filme: 007 — Viva e Deixe Morrer)

Publicado em 1954, *Live and Let Die*[11] apresenta James Bond recebendo instruções para ir a Nova York e investigar o gângster Mr. Big, cuja base de operações fica no Harlem e na Flórida. Acredita-se que Mr. Big esteja vendendo moedas de ouro descobertas na Jamaica pelo bando do abominável pirata *Sir* Henry Morgan. O nosso vilão é novamente um agente da SMERSH, e está usando a receita para financiar operações soviéticas de espionagem. James Bond se encontra com o seu alegre auxiliar, Felix Leiter, e ambos são capturados e torturados por Mr. Big. James Bond se alia ao ponto fraco de Mr. Big, a cartomante Solitaire, e eles fogem para a Flórida. Solitaire é capturada, Leiter é jogado aos tubarões, perdendo uma perna e um braço, e James Bond viaja para a Jamaica, onde se junta a Querrel e John Strangways. No final, James Bond coloca uma mina naval no barco de Mr. Big, mas é capturado, amarrado com Solitaire e arrastado através de um recife de coral até que a mina naval finalmente explode e resolve a situação.

Um padrão novamente se evidencia nessa história, que é um tema comum na alquimia: a tarefa, a redução e a renovação, ou recriação. No entanto, também implícito nessa história está o tema do vodu, algo pelo que Ian Fleming tinha grande interesse, pois ele revelava os mesmos antigos processos mencionados na alquimia.

O emprego das moedas de ouro como o catalisador, ou a razão do empenho na história, indica a possível relação direta de Fleming com Crowley, o verdadeiro "grande mestre da magia esotérica" em pessoa. Tenho acesso à coletânea de fatos sobre Crowley por intermédio de O. H. Krill, um expert em Crowley, que disse o seguinte:

> Independentemente de qualquer idéia preconcebida a respeito desse homem, ele influenciou um sem-número de grandes intelectos nos últimos cem anos e é responsável pela nossa capacidade de viajar no espaço, entre muitas coisas. Tudo indica que Fleming conhecia os costumes de Crowley, pelo menos até certo ponto, pois nunca estava sem moedas de ouro antiqüíssimas. Não sei dizer mais do que isso, mas acredito que Fleming tenha tecido nos seus livros as suas mais poderosas influências. Ouso afirmar que essas influências possam ser de algum modo responsáveis pela magia e sustentabilidade das suas obras.

Aleister Crowley

Originalmente denominado *The Undertaker's Wind*, *Live and Let Die* foi a tentativa de Ian Fleming de escrever um livro mais sério. Mais tarde na vida ele deu a entender, do seu jeito sempre improvisado e autodepreciativo (esse hábito de se expor ao ridículo o distanciava dos críticos que ele sabia que interpretavam mal a sua intenção), que os seus livros eram uma mera distração, embora ele de fato tenha começado com intenções sérias. Muitos biógrafos e críticos afirmaram que Fleming estava na verdade "meditando, por intermédio de Mr. Big, sobre a natureza do mal"[12]. À medida que avançamos, iremos descobrir que Ian Fleming estava encenando o seu tumulto mental dentro da reelaboração do milenar gênero dos contos de fadas. A sua avidez por conhecer os antigos métodos psicológicos de auto-aperfeiçoamento, conhecidos por muitos como gnose, foi desnudada diante de nós — pelo menos se tivermos olhos para ver. A maioria das pessoas, contudo, procura essas histórias em busca de um romance de espionagem, e é claro que é exatamente isso o que obtêm. Essas idéias confundem a visão que temos dessas histórias. Alega-se com demasiada freqüência que as narrativas do Santo Graal são algum tipo de busca verdadeira de um objeto genuíno (ou até mesmo da linhagem de Jesus), e essa noção também obscurece o verdadeiro significado por trás da história, ou seja, o da grande obra dos alquimistas, ou a verdadeira ligação com o Divino dos gnósticos, sufistas e muitos outros.

Fleming extraiu grande parte das suas idéias para *Live and Let Die* de um livro chamado *The Traveller's Tree*, de autoria de Patrick Leigh Fermor, mencionado no livro, e que Fleming conhecia dos seus dias no serviço de inteligência, pois Fermor tinha sido um oficial do serviço secreto dos Irish Guards. Fermor era um narrador de viagens erudito e de primeira categoria, que detinha um profundo conhecimento e interesse pelos mitos, mistérios e o mundo oculto dos lugares que visitava. Esse entusiasmo transpirava nos seus livros maravilhosos, e para Fleming era um sopro de ar fresco que lhe conferiu ímpeto para escrever *Live and Let Die* no estilo que utilizou. Em *Mani*, Fermor se deleita na sutil psicologia das mitologias da Grécia, e, à semelhança de Fleming, esconde grande parte do que está realmente dizendo atrás de metáforas. Há um excelente capítulo sobre a pequena povoação de Areopolis, a via de acesso para o interior de Mani, que revela belamente esse conceito. A própria capa é adornada com o terceiro olho dourado solar.

Místico sufista

No livro *The Traveller's Tree*, Fermor ressalta as semelhanças entre os cultos e rituais do vodu haitianos e aqueles do antigo Egito, e Fleming copiou essa interpretação no seu romance, citando Fermor palavra por palavra enquanto James Bond lê o livro, dizendo: "Os etnólogos haitianos se associam aos ritos de rejuvenescimento de Osíris registrados no Livro dos Mortos".

Na verdade, em um método acentuadamente semelhante ao de Osíris e Hórus, ou mesmo das crenças xamânicas, James Bond participa de uma cena tortuosa na qual os seus braços são presos a uma cadeira, e Tee-Hee (o braço direito de Mr. Big) recebe ordens para quebrar o seu dedo mínimo, vergando-o para trás até que ele finalmente se desprenda. Na tradição xamânica, para ter acesso ao outro mundo e alcançar o discernimento, o xamã precisa perder uma parte do corpo, ou fraturar alguma coisa e ficar com uma cicatriz. Isso representa desistir de algo como pagamento, e James Bond faz isso em quase todos os livros.

Em *Live and Let Die*, Fleming está brincando com o mundo da paranormalidade, como se estivesse aderindo filosoficamente ao debate por meio de Solitaire e James Bond. Este diz que Solitaire acha que ele não entenderia os costumes do vodu, mas ele explica que conhece a raiz do medo e o que ele pode fazer. Bond sustenta ter lido quase todos os livros sobre vodu e acredita que ele funciona devido ao medo no interior da mente. Mas Solitaire discorda dele, pedindo-lhe que pelo menos acredite que Mr. Big é na verdade um zumbi do próprio Barão Samedi — o Príncipe das Trevas e da Morte, que possui poderes psíquicos. Bond promete a Solitaire que gravará uma cruz na bala do seu revólver e atirará em Mr. Big para garantir a sua morte, e eles ficam de acordo — a união do masculino com o feminino resolveu a questão do lado sombrio. Isso é acompanhado pelo *conjunctio* alquímico — a união física e mental do homem com a mulher, quando Bond e Solitaire fazem amor. Na terminologia alquímica, Solitaire é a etérea e sábia Sofia dos gnósticos, e James Bond é o fogo. A imagem é retratada com o cabelo de Solitaire caindo em "cascata", e Bond sendo descrito como uma "chama exaltada".

Inacreditavelmente, mais adiante no livro Fleming parte numa excursão filosófica da consciência, examinando a ligação do homem com toda a natureza e todas as coisas. Ele explica como os pensamentos de James Bond vagam por esse mundo enquanto superam o medo de voar: "Tudo na vida envolve jogar com a morte", explica ele, e "as [suas] estrelas já o deixaram trilhar um caminho bastante longo depois que você deixou o útero da sua mãe".

Para Bond, qualquer aterrissagem feliz é uma cortesia das estrelas, o que revela uma nítida crença na astrologia, a qual, como descobriremos, exercia uma forte influência em Ian Fleming. O prêmio supremo declarado de James Bond não era sobrepujar Mr. Big, não era encontrar o tesouro, e sim Solitaire, que o ajudara a decifrar o código! E, no entanto, ele ainda não era capaz de resolver o maior dos enigmas, o segredo das estrelas: "As estrelas piscavam o seu código enigmático e ele não tinha nenhuma chave capaz de decifrá-lo".

Moonraker
(Filme: 007 Contra o Foguete da Morte)

Publicado em 1955, *Moonraker*[13] foi o terceiro romance de Ian Fleming e tem pouca semelhança com o filme (*007 Contra o Foguete da Morte*), estrelado por Roger Moore. Na verdade, lembra mais de perto o filme *007 — Um Novo Dia para Morrer*, protagonizado por Pierce Brosnan. O título original do livro em inglês é um sinônimo de *moonsail*, a vela mais alta de um navio, e a Lua que nos orienta na navegação. Também se refere ao conto popular de Wiltshire, Inglaterra, a respeito de como os habitantes do lugar escondiam das autoridades produtos de contrabando numa lagoa. Quando interpelados sobre o motivo pelo qual estavam revolvendo a água, responderam que estavam tentando capturar o luar.

A história começa novamente com M dando instruções a James Bond. Este deverá observar e relatar as atividades de *Sir* Hugo Drax (mente do dragão/serpente), que parece estar ganhando dinheiro demais jogando bridge em Blades, o clube de cavalheiros de M. Este último mo desconfia que Drax está roubando e fica perplexo com o fato de um milionário se rebaixar tanto. Bond aceita o desafio e, na verdade, derrota Drax no seu próprio jogo fraudulento, resultando assim na batalha.

Acontece que Drax está, na realidade, conspirando para destruir Londres por meio do projeto de mísseis Moonraker, de modo que James Bond precisa salvar a situação unindo-se ao princípio feminino Gala Brand (fogo jovial). O inimigo interior encontra-se novamente com Hugo Drax (arquinêmesis de Bond), e este salva a situação enquanto desfruta de uma perfeita união com o seu princípio feminino — a Bond girl.

Diamonds Are Forever[14]
(007 — Os Diamantes São Eternos)

O livro foi publicado em 1956, e a história começa com James Bond convalescendo dos ferimentos sofridos em *Moonraker*, apenas dois meses depois de o caso ter sido encerrado. M é avisado sobre uma coligação de contrabando de diamantes e dá instruções a Bond para que se infiltre na gangue e descubra quem está por trás de tudo. Bond rapidamente assume uma falsa identidade e conhece a sua nova garota, Tiffany Case (manifestação caída de Deus). Em seguida, ele descobre que a máfia responsável pelo contrabando é conhecida como a Spangled Mob, dirigida por Jack Spang e Seraffimo Spang (reluzente). Bond deslinda a complexa operação de contrabando e descobre que ela conduz a Las Vegas, onde ele é exposto como espião pela máfia, que começa a torturá-lo. Ele escapa com a ajuda de Tiffany e Felix Leiter (alegre auxiliar), e a rede de distribuição de diamantes é destruída.

Nesse livro, temos a fascinação de Fleming pelo tema do contrabando de diamantes, tesouros ocultos e pirataria. Todos os biógrafos concordam em que Fleming introduziu esses temas na sua fórmula devido ao seu interesse e recentes incursões jornalísticas na indústria dos diamantes. No entanto, é pouco conhecido o fato de que ele também se interessava profundamente pelo mundo do ocultismo, de modo que incluiu temas ocultos nas suas obras.

A introdução de James Bond no mundo dos diamantes é semelhante à jornada no mundo da Pedra Filosofal dos alquimistas: "Era o domínio de uma beleza tão pura que encerrava uma espécie de verdade, uma autoridade divina diante da qual todas as outras coisas materiais se transformavam, como o pedaço de quartzo, em argila. Nesses poucos minutos Bond compreendeu o mito dos diamantes e soube que jamais esqueceria o que repentinamente havia visto dentro do coração dessa pedra".

Existe outro código em jogo aqui, um código tão belo e simples que é fácil passar despercebido. Bond recebe esse maravilhoso vislumbre da pura verdade do seu chefe, M; é o mestre passando a visão para o iniciado e promovendo o seu trabalho. Bond nunca mais se esqueceria do que vira ao contemplar as profundezas da pedra, e essa declaração seria igualmente relevante para qualquer alquimista em todos os tempos, e compreendido como tal. Hoje, muitas pessoas não têm idéia do que seja a alquimia, e muito menos das suas complexidades, como interpretadas por Fleming desde o início das suas influências. Contemplar a beleza da pedra a partir de uma perspectiva alquímica significa fitar a face da origem da criação — ver a luz de Deus, o Divino –, e a tarefa de James Bond era agora sair pelo mundo e no encalço da escuridão que manteria a luz afastada do resto da humanidade e a destruiria. Todos devemos estudar a Pedra Filosofal — por meio da luz do Divino.

Foi com essa visão que Bond conseguiu progredir no mundo das trevas e ter "confiança no seu sexto sentido", como ressalta Fleming no livro. A morte, declara James Bond, é eterna, mas os diamantes também são.

From Russia With Love[15]
(Filme: Moscou Contra 007)

Publicado em 1957, este é o quinto livro da série, e quase todos os críticos afirmam que ele é o apogeu dos romances de Fleming, seja porque John F. Kennedy o incluiu na sua lista de livros favoritos, ou devido à complexidade da narrativa. A trama é complexa, mas vamos examiná-la brevemente aqui: a organização soviética conhecida como SMERSH decide montar uma armadilha para James Bond e matá-lo "com desonra". A conspiração falha principalmente porque a armadilha é concebida com uma jovem agente secreta chamada Tatiana Romanova, que efetivamente se apaixona por Bond, e eles participam de encontros de amor e rituais ciganos. As complexas reviravoltas envolvendo Rosa Klebb (pão e vinho), um jogador de xadrez, e várias digressões continuam a ocultar a mesma trama, segundo a qual Bond precisa se unir ao feminino a fim de sobrepujar o adversário — embora ele seja envenenado no final do livro, o que nos deixa sem saber se ele irá ou não sobreviver. Entre outros personagens estão o chefe do serviço secreto britânico na Turquia, Darko Kerim Bey (dádiva de grande assombro), e Red Grant (credo vermelho).

Dr. No [16]

(Filme: 007 Contra o Satânico Dr. No)

O romance seguinte, e o primeiro filme de James Bond, foi *Dr. No*, publicado em 1958, e amplamente inspirado no personagem Fu Manchu de Sax Rohmer, o qual, conforme descobriremos, exerceu uma grande influência em Fleming. Em muitos aspectos, ele também é uma reprise de *Viva e Deixe Morrer*. Em *Dr. No*, Bond ainda está se recuperando das brigas da missão anterior, de modo que M lhe confere uma tarefa simples: investigar o desaparecimento do principal agente do serviço secreto na Jamaica, John Strangways. Desconfia-se que um comerciante local de esterco de pássaros, proprietário de uma ilha vizinha, esteja fazendo jogo sujo. Acredita-se que nessa ilha, chamada Crab Key, haja um dragão que cospe fogo. Dr. Julius No, o comerciante de esterco, é chinês-alemão, reunindo o conhecimento nazista de Fu Manchu e de Fleming. Bond se junta a Querrel e Honeychile Rider (a Bond girl) e descobre que o Dr. No está na verdade trabalhando para os soviéticos e empenhado em sabotar testes de mísseis americanos nas redondezas. Bond e a Bond girl são presos e torturados, com o Dr. No dizendo: "Vocês dois me criaram muitos problemas. Agora pretendo fazer com que sintam muita dor". O pobre Querrel é queimado até a morte pelo dragão (uma invenção mecânica do Dr. No).

James Bond é conduzido ao esconderijo subaquático do Dr. No. Bond o compara à serpente, de modo que precisa matar o dragão para escapar. Essa é uma metáfora para a esfera inconsciente, na qual a alma verdadeira precisa lutar para superar os perigos da sombra e voltar a ser livre para ver a luz. No final, Bond vence o Dr. No e, junto com Honeychile, ele o mata e resolve a situação. Mas James Bond só consegue isso com a união com o princípio feminino, a sabedoria de Sofia: "Ele pensou na jovem e o pensamento o fortaleceu. Ele ainda não estava morto. Maldito seja, ele não iria morrer! Não enquanto o coração não fosse arrancado do seu corpo".

Ele só pode fazer isso, salvar a si mesmo e resolver a situação, mergulhando na sabedoria e purificando-se de todos os pecados — a jornada alquímica em direção à ressurreição, e, à semelhança da fênix, Bond precisa ascender novamente. "Agarre-se à vida... Para o inferno com o que acaba de acontecer. Mergulhe na água e lave-se!"

Goldfinger[17]
(Filme: 007 Contra Goldfinger)

James Bond é chamado para investigar a fraude num jogo de canastra do nosso vilão Auric Goldfinger (um nome alquímico — ver o Capítulo 10), em Miami. Bond pega Goldfinger roubando e este é obrigado a repor o dinheiro que ganhou. Depois de voltar para Londres, Bond investiga Goldfinger e descobre que ele faz contrabando de ouro, e é também o tesoureiro da SMERSH. James Bond é enviado para colher informações e entrar em contato com Goldfinger num jogo de golfe com apostas elevadas, no qual Goldfinger volta a trapacear, mas Bond o engana e ganha o jogo. A nova missão de Bond agora é tentar recuperar o ouro contrabandeado, e enquanto faz isso desvenda uma conspiração

O CÓDIGO DE JAMES BOND

destinada a roubar barras de ouro de Fort Knox. Com a ajuda de Felix Leiter e Pussy Galore (a Bond girl), ele frustra o plano de Goldfinger e resolve a situação.

For Your Eyes Only[18]
(Filme: 007 — Somente para Seus Olhos)

Este livro não é um romance e sim uma coletânea de contos que inclui "From a View to a Kill",[19] "For Your Eyes Only", "Quantum of Solace" (publicado originalmente na revista *Cosmopolitan*), "Risico" e "The Hildebrand Rarity" (publicado originalmente na revista *Playboy*). Em vez de serem romances de suspense comuns e corriqueiros, são contos principalmente sobre pessoas e vidas comuns, entremeadas de intriga e tristeza. Em "The Hildebrand Rarity", James Bond observa uma mulher matar o seu cruel marido; em "Quantum Solace", ele ouve histórias de pessoas comuns e dramas da vida real. "For Your Eyes Only" segue a trama típica de M enviar Bond a uma missão, mas desta vez a Bond girl mata o vilão principal antes que Bond tenha a chance de fazer alguma coisa. Em "From a View to a Kill", Bond captura um assassino. Trata-se, na verdade, de pensamentos reunidos de Ian Fleming representados em cinco histórias muito diferentes.

Thunderball[20]
(Filme: 007 — Contra a Chantagem Atômica)

O começo do romance revela parte de Fleming em James Bond, pois M lhe informa que o fato de ele abusar do cigarro e da bebida estava arruinando a sua saúde. Assim sendo, Bond é enviado para umas férias de duas semanas no spa Shrublands na zona rural. Lá, ele conhece um certo Conde Lippe (*lip* em alemão significa a borda de alguma coisa), que parece ter um vínculo com a Red Lightning Tong, uma organização criminosa secreta de Macau, na China. Lippe descobre que Bond rastreou as suas ligações, de modo que tenta matá-lo, mas falha na tentativa.

Quando James Bond volta a Londres, depois de passar pela provação da morte, é descrito como sendo um "novo homem", como se tivesse renascido. Quase que de imediato, o serviço secreto recebe uma mensagem da SPECTRE (Special Executive for Counter-intelligence, Terrorism, and Extortion), que afirma ter seqüestrado um bombardeiro V Bomber com duas bombas nucleares a bordo. Eles exigem 100 milhões de libras, caso contrário destruirão uma cidade importante. O líder e fundador da SPECTRE é Ernst Stavro Blofeld (intensamente forte), que nasceu, não só por coincidência, no mesmo dia que Ian Fleming, revelando assim os sentimentos deste último, ou seja, que ele estava lutando com os seus problemas no papel. Como que para confirmar essa idéia, o braço-direito de Blofeld é Emilio Largo, que significa "rival vagaroso".

Os Estados Unidos e o Reino Unido lançam então uma operação conjunta, denominada Operação Thunderball, e M envia Bond para as Bahamas para investigar uma suposição. Bond se junta a Felix Leiter e conhece a amante de Largo, Dominetta Vitali (máscara voadora), que Bond transforma na sua espiã. Largo captura Dominetta e a tortura. Bond e Leiter perseguem o barco de Largo com um submarino. A perseguição acaba com um pequeno combate e Largo quase conseguindo matar James Bond, mas Dominetta o salva atirando uma lança no pescoço de Largo. Bond e Dominetta se unem e conseguem evitar que o pior aconteça.

The Spy Who Loved Me[21]
(Filme: 007 — O Espião que me Amava)

Este é o décimo e mais breve romance de James Bond, publicado em 1962, e é sexualmente muito explícito. Na verdade, ele se afasta peculiarmente do romance típico de Bond. É narrado na primeira pessoa por Vivienne Michel (grande deusa da água), que é salva de dois membros de uma gangue de criminosos que estão tentando incendiar a sua casa. Pelo que dizem, Fleming ficou insatisfeito com o romance, e deu permissão apenas para que o título fosse usado como um filme, e não o conteúdo. Fleming escreveu o seguinte prólogo para o livro, que alguns críticos afirmam ter sido a sua tentativa de se distanciar da obra:

> Descobri o que se segue certa manhã, sobre a minha mesa. Como vocês verão, parece ser a história, narrada na primeira pessoa, de uma jovem obviamente bela e inexperiente na arte do amor. De acordo com a história, ela parece estar envolvida, tanto perigosa quanto romanticamente, com o mesmo James Bond cujas façanhas no serviço secreto tenho relatado de tempos em tempos. Junto com original, havia um bilhete assinado "Vivienne Michel", garantindo-me que o que escrevera era "a mais pura verdade das profundezas do seu coração".

A verdade é que Fleming podia estar constrangido com a narrativa extremamente feminina entremeada de intervalos de suspense, mas será que a história encerra outras coisas? Pode ser que, à semelhança de muitos escritores esotéricos antes dele, as palavras de "Sofia" sejam atribuídas à própria deusa, que, neste caso, é denominada etimologicamente a "grande deusa da água/sabedoria". *Michel* é *Michael* e significa "grande", e Vivienne é a deusa da água da sabedoria (a água na forma feminina está ligada à sabedoria — às profundezas aquosas da mente). A escolha do nome da heroína deve ser uma das coisas mais difíceis para um autor, e neste caso Fleming escolheu uma deusa da água, Co-Vianna, ou Coventina. Essa deusa da água foi a origem da Dama do Lago da lenda arturiana, em outros contextos conhecida como Nimue ou a serpente branca. As divindades da água estão inextricavelmente associadas ao antigo culto da serpente, por causa do elemento da sabedoria — a água era um símbolo da esfera inconsciente, como ressaltou Carl Jung, o psicanalista que inspirou Fleming. Existem poucas dúvidas de que Fleming conhecia o significado por trás do nome que escrevia, e acredito que Fleming esteja liberando aqui, nos seus anos mais maduros, o princípio feminino com o qual se debateu durante a sua vida lógica. Essa deusa da água estava liberando sabedoria da "verdade mais pura e das profundezas do seu coração".

On Her Majesty's Secret Service[22]
(Filme: 007 — A Serviço Secreto de Sua Majestade)

Publicado em 1963, este foi o décimo primeiro livro da série e o segundo da trilogia Blofeld. Bond está tão frustrado depois de passar um ano procurando por Ernst Stavro Blofeld que envia uma carta a M com o seu pedido de demissão. Nesse meio tempo, ele conhece uma jovem suicida chamada Teresa de Vicenzo, a filha de Marc-Ange Draco, o líder do maior sindicato do crime da Europa. Marc-Ange Draco oferece a Bond um enorme dote, bem como o paradeiro de Blofeld, se ele se casar com Teresa para salvá-la dos seus problemas mentais. Bond recusa a oferta, mas concorda em ter um caso romântico com Teresa, de modo que consegue obter o paradeiro de Blofeld, que agora mora na Suíça com outro nome. Isso também é prova de que Fleming se entretinha com a etimologia dos nomes, pois Blofeld agora é Bleuville, de "campo azul" ou "cidade azul". Bond se infiltra no esconderijo de Blofeld no alto de Piz Gloria e descobre que Blofeld abriu uma clínica voltada para a cura de alergias e fobias em mulheres jovens. Tudo isso se revela um disfarce para fazer uma lavagem cerebral nas jovens e obrigá-las a empreender um ataque biológico devastador contra a agricultura britânica.

Bond acha que o seu disfarce foi descoberto, de modo que foge, pede Teresa em casamento e volta para Piz Gloria com os homens de Marc-Ange Draco para destruir Piz Gloria. Blofeld escapa, mas tem o seu momento de glória quando assassina Teresa Bond logo depois do casamento.

Os nomes citados no livro certamente encerram vários códigos. Por exemplo, Marc-Ange-Draco pode ser desmembrado para formar *marte, anjo* e *dragão;* Sable Basilisk, um personagem que James Bond conhece no College of Arms, é uma brincadeira com o dragão vermelho/*rouge* — o título de um oficial subalterno no verdadeiro College of Arms, assim chamado em homenagem ao dragão vermelho de Gales. É notório que Fleming tinha um profundo interesse pela origem dos nomes e brincava muito com eles. Também é verdade que Fleming nutria um profundo interesse por códigos e pela escrita cifrada. Na ocasião em que escreveu *On Her Majesty's Secret Service*, Fleming teve a ajuda de Robin de La Lanne-Mirrlees, especialista em heráldica, e, segundo consta, os dois eram bons amigos. Essa interessante personalidade era um cavaleiro da Soberana Ordem Militar Hospitaleira de São João de Jerusalém de Rodes e de Malta, e tinha vários contatos que com certeza deixaram Fleming intrigado. É claro que esses Cavaleiros de Malta são famosos pelas suas intrigas e ligações com os malfadados templários.

You Only Live Twice [23]
(Filme: Com 007 só se Vive Duas Vezes)

A carreira de James Bond encontra-se em rápido declínio. Ele perdeu a esposa — o seu princípio feminino — e está começando a desmoronar. M pensa até mesmo em aposentá-lo definitivamente do serviço, mas em vez disso decide "promovê-lo" para o setor diplomático do serviço secreto. Bond recebe inclusive um novo número: 7777. Para entender esse número, precisamos fazer uma investigação mais profunda.

O último versículo do Novo Testamento é Apocalipse 22:21, "Que a graça de Nosso Senhor Jesus Cristo esteja com todos. Amém." Cada letra tem um número, o que é conhecido como *numerologia* ou *gematria*. A soma do número de caracteres neste caso[24] é 7777, com um significado muito peculiar: "Está feito". Esse é o último romance de James Bond publicado durante a vida de Fleming. Entretanto, nele Fleming apresenta uma atmosfera japonesa, de modo que, se examinarmos a numerologia oriental, descobriremos que os quatro setes são significativos. Representam o limite absoluto, o fim, mais do que podemos saber. O conhecimento dos números ou gematria é sem dúvida parte do Código de James Bond e revela que a grande obra de Fleming, à semelhança da do alquimista, estava chegando ao fim. As influências que Fleming recebeu durante a vida mostram que ele poderia ter obtido esse conhecimento de uma série de pessoas, em particular de Aleister Crowley, que havia escrito um livro intitulado *777 and Other Qabalistic Writings*.

Fleming inclui outra pista no livro. A nova missão de James Bond é voar para o Japão para persuadir Tiger Tanaka (tigre residente, que representa a linhagem de guerreiros ou Samurais), o chefe do serviço secreto japonês, a divulgar informações a respeito de um informante da União Soviética cuja alcunha é Magic 44. Na numerologia, o número 44 representa o equilíbrio entre o espiritual e o físico, exatamente o elemento com o qual Fleming se debatera a vida inteira, e cujo segredo ele estava buscando em código nesse romance. É o mistério do estado mental e do mundo material — a verdadeira magia, procurada por Fleming, por James Bond, o seu alter ego, e na verdade pelo primeiro James Bond, o mago e numerologista Dr. John Dee.

Para descobrir o segredo de Magic 44, Tanaka pede a Bond que assassine o Dr. Guntram (gralha belicosa) Shatterhand, que dirige o politicamente desconcertante Garden of Death (Jardim da Morte) — um lugar aonde as pessoas vão para cometer suicídio em paz — às vezes espontaneamente, às vezes não. Incrivelmente, Bond aceita a missão e descobre que Shatterhand é o seu arqui-rival, Blofeld, e assim o círculo se completa e o final surge no horizonte. Uma vez mais, o nosso herói recebe ajuda de uma bela Bond girl, desta vez chamada Kissy Suzuki, e com a ajuda de maquiagem e treinamento ele consegue renascer como japonês, com o nome de Taro Todoroki (trovão primogênito, simbolizado pelo dragão, de modo que Bond é o dragão primogênito, como o foram Artur e muitos heróis do folclore).

James Bond acaba encontrando a sua nêmesis, e eles se batem em duelo. Blofeld morre, mas Bond fica com amnésia devido a um golpe na cabeça, e o mundo acredita que ele está morto. No entanto, ele está na verdade vivendo como um pescador japonês ao lado de Kissy Suzuki. A união entre os dois resulta na gravidez de Kissy, mas Bond nunca é informado a respeito dela. Ele descobre então um pedaço de papel com a palavra *Vladivostok,* o que o leva a investigar o seu passado. Fleming nunca chegou a resolver a questão da gravidez.

No final do livro, M redige o obituário de James Bond, o qual, compreensivelmente, é o obituário de Ian Fleming.

Para mim, esse romance é um dos melhores, porque as suas reviravoltas revelam a mente de Fleming no papel. É a narrativa de um renascimento e uma ressurreição, com a clara sensação de ter finalmente chegado a uma conclusão, para depois perder tudo novamente. Tenho a impressão de que Fleming se sentia de uma maneira muito semelhante, ou seja, que ele nunca conseguia realmente atingir as suas metas.

The Man With the Golden Gun[25]
(Filme: 007 Contra o Homem da Pistola de Ouro)

No último romance (o livro de contos *Octopussy and the Living Daylights* foi publicado postumamente), estamos nos perguntando o que terá acontecido a James Bond. Ele estava supostamente morto, mas um homem aparece em Londres afirmando ser Bond. M o interroga e, durante o interrogatório, o homem tenta assassinar M com uma pistola de cianureto. À medida que a história se desenrola, descobrimos que Bond tinha ido para a Rússia, onde a KGB lhe fizera uma lavagem cerebral.

Depois da desprogramação, James Bond espera recuperar a sua condição de agente 00, de modo que é enviado numa missão na Jamaica para descobrir e infiltrar-se na rede que cerca Francisco Scaramanga, um assassino que vem matando agentes do serviço secreto. Scaramanga é conhecido como o homem da pistola de ouro, por causa do seu revólver de ouro calibre 45. Bond tem êxito e descobre que existe em operação um sindicato muito mais amplo que envolve a KGB e gângsteres, e com a ajuda de Felix Leiter e a Bond girl Mary Goodnight ele consegue eliminar Scaramanga e os seus auxiliares.

Pela primeira vez somos informados do nome de M: *Sir* Miles Messervy, que significa "irmão maltratado". Também obtemos a informação de que James Bond recusa o título de nobreza que lhe é oferecido. Será que Fleming esperava receber um título de nobreza? Seria ele o irmão maltratado? Só nos resta refletir.

A intenção deste capítulo foi apenas apresentar um breve resumo dos vários romances de James Bond. As histórias que fazem parte de *Octopussy and the Living Daylights,* a última compilação de contos de Ian Fleming, têm lugar entre os diversos romances.

James Bond começa *Thunderball* desacreditado e com a saúde debilitada, e em *On Her Majesty's Secret Service* está ficando fatigado. Em *You Only Live Twice,* fica arrasado com a morte da esposa e ainda passa o tempo todo em busca de algo — um personagem solitário e vazio, tentando desesperadamente algo que preencha a sua vida. O sofrimento do criador, Fleming, é representado nas páginas, e todo o peso do seu conhecimento esotérico e comportamento manipulador é posto em jogo para que ele possa tentar entender a si mesmo. Fleming certa vez disse à esposa, Anne: "Como posso fazê-la feliz se eu mesmo sou tão infeliz"?[26]

Vimos sucintamente que pequenos vislumbres de códigos etimológicos e gráficos são expostos diante de nós nos romances de Fleming, e que ele parecia entender o uso da linguagem e da numerologia como código. A fim de começar a compreender as influências das quais Fleming recebeu o conhecimento para incluir essa auto-análise quase subconsciente, precisamos examinar mais detalhadamente a vida do homem.

CAPÍTULO 3

IAN FLEMING, SEGUNDA PARTE: PRIMEIRAS INFLUÊNCIAS

Desde o início, parece que Ian Fleming estava condenado a sofrer os efeitos de uma mãe arrogante e dominadora, de um irmão mais velho que conseguia se sair bem em tudo o que fazia e de um pai já falecido, heróico e altamente bem-sucedido.

A família da mãe era de sangue real, e o nome dela contém implicações de rosacrucianismo (irmãos da Rosa e da Cruz) — a cruz e a rosa, ou St. Croix-Rose. As ligações reais pareciam ajudar, pois em 1925 a filha ilegítima da sra. Fleming, a meia-irmã de Ian, Amaryllis (1925-1999) nasceu na Suíça com o auxílio do Visconde Dawson of Penn, tendo a Princesa Marie Louise se tornado madrinha dela. Marie Louise era membro da família real britânica e neta da Rainha Vitória.

O pai de Ian havia herdado as imensas operações bancárias de Robert Fleming, conhecidas como Robert Fleming and Co. A empresa foi finalmente vendida para o Chase Manhattan Bank em 2000 por 7 bilhões de dólares.

A verdade completa da questão era que Ian Fleming não tinha com o que se preocupar. A sua mãe herdara um vasto patrimônio, embora condicionado a que ela nunca voltasse a se casar, mas essa condição não a impediu de ter uma filha fora do casamento. A antiga família escocesa Fleming tinha grande influência, com amigos não apenas dentro dos níveis hierárquicos das famílias reais, mas também na esfera comercial e no parlamento. Winston Churchill, o primeiro-ministro da época da guerra, era um desses amigos.

Esse foi o mundo no qual o pequeno Ian Fleming nasceu e no qual cresceria — uma criança pequena buscando o amor e o afeto da mãe já viúva, e encontrando, em vez disso, uma babá e um irmão equilibrado e

Sir Winston Churchill

empreendedor. Ele sempre teve o que havia de melhor, mas lhe faltava aquilo que uma criança realmente precisa: o amor dos pais. A mãe estava sempre muito ocupada com as suas diversas funções na alta sociedade e, independentemente do fato de Ian Fleming não nos ter deixado pessoalmente um relato cotidiano da sua infância, não é preciso um psicólogo de alto nível para deduzir que ele deve ter tido problemas por causa dessa situação.

Além disso, as influências que o cercavam não eram normais. Nem toda criança é criada em uma casa freqüentada por pares do reino, ouvindo atrás das portas as fofocas da realeza e as artimanhas da madrugada do amante de Evelyn, o pintor Augustus John. Fui criado em um típico lar britânico, a minha mãe e o meu pai trabalhavam, mas de algum modo estavam sempre presentes para nós. Tive uma educação padrão em uma escola padrão, e conheci o amor da minha família. No entanto, os meus filhos atendem ao telefone e falam com personalidades famosas que eu conheço, vêem o pai na televisão e o ouvem falar no rádio. Consigo perceber como essas pequenas coisas fora do comum os afetam de certo modo. Quanto mais não seríamos afetados se fôssemos criados da maneira que Ian Fleming foi?

O fato é que Ian Fleming era problemático. Ele se rebelava interna e externamente, e tentava desesperadamente superar um grande número de problemas criados por inúmeras influências. Na escola, ele desapontou a mãe esperançosa, que o deslocava de um lado para o outro como um joguete real.

Em 1927, Ian Fleming foi despachado para Kitzbuhel, na Áustria, para passar algum tempo com a família Forbes Dennis, seguidora da suposta nova forma de psicologia promovida por Alfred Adler, mais ou menos na mesma época de Carl Jung e Sigmund Freud.

Forbes Dennis era um dos mais obstinados admiradores da psicanálise adleriana. Ele argumentava que a personalidade humana podia ser explicada como uma batalha entre o ideal pessoal, o que realmente desejávamos, e as exigências sociais e éticas do mundo que nos cercava. Ele dizia que, se os problemas ocasionados por isso não fossem corrigidos, o indivíduo compensaria em excesso, criando complexos de in-

Alfred Adler, que inspirou Forber Dennis

ferioridade, o que faria com que ele se tornasse egocêntrico, sedento de poder e agressivo. É fácil perceber por que Ian Fleming foi enviado para a companhia de Dennis, pois essas eram as características que ele desenvolvera. Dennis diria mais tarde que, superficialmente, Fleming estava "mais difícil do que nunca", comportando-se de maneira rude e ressentida, e mostrando-se determinado a extrair o máximo de vantagens da sua própria desgraça. No entanto, debaixo da superfície, ele estava entediado e desapontado, mostrava-se sempre de lua, com oscilações de humor. Uma das discípulas de Dennis afirmaria mais tarde que Fleming era "como uma pessoa saída de um romance, e ele parecia a prova viva de todas as suas teorias adlerianas".[27]

Adler acreditava que muitos problemas psicológicos eram provenientes da ordem do nascimento, ou do posicionamento dos irmãos na família. Ele comentou que o primogênito recebe o amor e o estímulo da família até a chegada do segundo filho, quando então o primogênito é destronado e deixa de ser o centro das atenções. Entretanto, não houve um posterior respaldo científico para essa revelação, e o próprio Adler não foi capaz de apresentar evidências que provassem o seu argumento, que é exatamente o oposto do que aconteceu com os irmãos Fleming. Peter Fleming era o irmão mais velho e, contrariando as suposições de Adler, foi bem-sucedido, enquanto Ian Fleming, o mais novo, só teve êxito muito mais tarde na vida. Mas as teorias de Adler abrangem outras coisas.

Ele acreditava que os primeiros cinco anos da vida de uma criança são os mais importantes. A sua teoria girava em torno do *Gegenspieler* — o irmão ou irmã contemporâneo com quem parece haver um duelo neurótico aparentemente interminável.

O Gegenspieler pode ter sido o pai ou a mãe, ou o irmão ou irmã contemporâneo que a pessoa acha que o teria destronado ou afastado. O perigo dessa situação, segundo Phyllis Bottome, residia no fato de que a pessoa não tinha consciência do efeito e que este afetaria os futuros relacionamentos à medida que a criança avançasse em direção à idade adulta, dando origem a um perpétuo antagonismo entre a pessoa e qualquer ente querido.[28]

À medida que esse perpétuo antagonismo continuava, argumentava Adler, a pessoa pouco a pouco se afastava da realidade e penetrava no poderoso mundo do inconsciente. Essa pessoa neurótica vivia uma vida de fantasia, empregando vários artifícios que lhe permitiam contornar a realidade. Ela se fixava em um ideal imaginário a fim de se libertar dos seus próprios sentimentos de inferioridade e ser absolvida de toda responsabilidade. Se algum dia houve uma declaração verdadeira a respeito da mente de Ian Fleming na infância (e mais tarde na vida, em um grau um tanto menor), foi esta.

Adler afirmou que a cura dessa neurose iria mudar toda a criação da pessoa e guiá-la de volta à sociedade. Infelizmente, era tarde demais para Ian Fleming, e tudo o que Dennis e a sua esposa Bottome puderam fazer foi dar a ele muito estímulo e amor, algo que tristemente lhe faltara na infância. É fato que Ian Fleming compreendeu o processo no qual foi colocado e percebeu o grande afeto que recebeu durante o período que passou na Áustria.

Ian Fleming escreveu o seguinte no livro *Thrilling Cities*: "Lembro-me dos dias antes da guerra em que eu lia, graças ao estímulo da família Forbes Dennis, as obras de Kafka, Musil, dos Zweigs, de Arthur Schintzler, Werfel, Rilke, Von Hofmannsthal e dos bizarros psicólogos Weininger e Groddeck — sem falar nos textos de Adler e Freud — e comprava as primeiras edições (eu costumava colecioná-las) ilustradas de Kokoschka e Kubin."

Essa declaração revela várias coisas. Primeiro, que Fleming compreendia o processo psicológico e, por conseguinte, entendia as suas próprias deficiências. Também revela o seu vasto conhecimento do novo mundo da psicanálise. Finalmente, deixa claro que toda a questão ainda estava bem viva na sua mente muitos anos depois.

Parece, contudo, que o trabalho da família Dennis foi compensador, pois Fleming tornou-se mais confiante. Quando este completou 19 anos, Dennis declarou que as qualidades de Fleming eram consideráveis e que o rapaz tinha no geral uma inteligência bem acima da média. Afirmou ainda que Fleming possuía imaginação, originalidade e a capacidade de auto-expressão, tendo adquirido um excelente gosto por livros e um intenso desejo de alcançar a verdade e o conhecimento. "Ele é viril e ambicioso; generoso e de bom coração... Ele requer tempo para lidar com uma complexa personalidade".[29]

Vemos aqui que, ainda bem jovem, Fleming tinha um "nítido desejo de alcançar a verdade e o conhecimento", como afirmou Forbes Dennis. Essas são profundas declarações de um homem que compreendia o funcionamento da mente. Fleming pode ter sido agressivo, cabeça-dura e obstinado, mas também era generoso e tinha bom coração. A afirmação revela uma personalidade claramente dividida que permaneceria com Fleming pelo resto da vida.

Tudo indica que Fleming também tinha jeito com as moças, e fomentava a sua autoconfiança por meio do flerte e das conquistas. À semelhança de muitos outros autores, fábulas e mitos anteriores e posteriores, ele até mesmo associava o sexo à nação dividida na qual foi criado: "A técnica na cama é importante, mas isoladamente é a cópula escarnecedora que torna as questões dos austríacos e anglo-saxões tão fragmentárias e, no final, desagradáveis".[30]

Fleming aprendera que a verdadeira conexão entre o homem e a mulher, tanto na mente quanto no corpo, era a religação com uma causa superior, de modo que ele a romantizava. Esse foi o início do papel da Bond girl que ele incorporaria ao sucesso do maior espião da nação.

Fleming começou a talhar um papel para si mesmo que ele mais tarde expandiria em James Bond, e que com o tempo se dividiu em muitas facetas na sua própria mente. Na residência da família Forbes Dennis em Tennerhof, Fleming se comportava como uma pessoa entrosada e adaptada à disciplina da casa, mas no Café Reisch, desempenhava o papel do amante sensual, nadando e esquiando, praticando alpinismo e fazendo amor. Os dois grupos presenciavam um Fleming completamente diferente. Ele estava desenvolvendo a personalidade dividida, e não curando o problema. Fleming estava se tornando um mestre do disfarce sem máscara.

Lady Sackville

No entanto, o tempo todo ele estava completamente consciente do que estava fazendo. Fleming fez uma alusão velada ao seu próprio conceito do seu equilíbrio interior em uma carta que escreveu para Lady Sackville, em Knole — uma cigana bem casada com quem Fleming encontrava conforto:

> Tenho uma tendência excessiva a ser afetado pelos elementos externos. Eles se impõem a nós de tal maneira que é difícil não dar atenção a eles, a não ser que sejamos um eremita ou algum tipo de fanático, em cujo caso temos em geral um grande cérebro com um corpo minúsculo e esquecido preso a ele. Mas, quando o cérebro e o corpo são mais ou

menos do mesmo tamanho, como é o meu caso, nenhuma das metades é forte o bastante para excluir a outra. Por conseguinte, pelo menos metade da minha vida é formada pelos elementos externos, que sempre tentam interferir ao máximo na minha ineficiente outra metade; entretanto, isso é melhor do que os extremos em qualquer uma das direções.[31]

Nessas cartas pessoais, podemos perceber indícios do seu conhecimento a respeito da sua mente dividida. Fleming sabia, a partir dos abundantes livros que lera e das lições que aprendera, que era um homem problemático, de modo que corrigiu isso mais tarde no mundo da fantasia, colocando-se como o homem perfeito nas páginas dos livros de James Bond. Nesse estágio preliminar do seu desenvolvimento, Fleming tentou efetivamente expressar o seu mundo de fantasia nas idéias. Nunca chegou a colocar essas idéias no papel, mas tinha muitas teorias a respeito do romance que um dia iria escrever. Mencionou-as em cartas que enviou para o seu bom amigo Selby Armitage, em Londres. Entretanto, fosse qual fosse o conteúdo dessas cartas, ele se tornou de tal maneira detestável para o Ian Fleming de mais idade que este pediu a Armitage que as devolvesse e destruiu-as. Jamais foram encontrados vestígios dessas cartas.

O que haveria nessas cartas que deixou Fleming tão constrangido? Hoje só podemos tentar adivinhar, e o meu palpite é que elas delineavam com excessiva clareza os seus problemas.

◄►

Mais tarde, Fleming saiu de Kitzbuhel e foi para a Universidade de Genebra. Lá, colecionou as primeiras edições de Kokoschka e de Picasso, e até mesmo conversou na Liga das Nações com Einstein, que o impressionou muito. No entanto, uma coisa marcante também teve lugar: com a autorização do próprio Jung, conseguida por intermédio de Forber Dennis, Fleming traduziu uma palestra de Jung a respeito do notório alquimista, filósofo e (segundo alguns) cientista, Paracelso.

Embora Fleming jamais tenha falado publicamente a respeito do motivo pelo qual essa palestra em particular lhe chamara a atenção, e ela nunca foi publicada, mesmo assim ele a mostrou a Edith Sitwell alguns anos depois, e ambos chegaram até mesmo a pensar em escrever juntos um livro sobre o assunto.

Carl Gustav Jung, o famoso psicólogo

Eu sugeriria que Fleming teve, de fato, um bom motivo para traduzir essa palestra, que são, na verdade, as razões subjacentes deste livro. Fleming compreendia a essência do trabalho de Jung e Paracelso, porque as teorias deles repercutiam dentro da sua própria mente. Entretanto, para que possamos entender o que tanto fascinava Fleming, precisamos compreender quem era Paracelso e investigar essa palestra de Jung anteriormente não publicada e relativamente desconhecida.

Capítulo 4

Paracelso e a Gnose

Theophrastus Philippus Aureolus Bombastus von Hohenheim, nascido no dia 11 de novembro de 1493, em Einsiedeln, Suíça, posteriormente adotou o nome de Paracelso, que significa "igual/melhor do que ou semelhante a Celso", o médico romano do século 1 d.C. Seu pai era químico e, quando jovem, Paracelso trabalhou como analista nas minas da região. Na tenra idade de 16 anos, começou a estudar medicina na Universidade da Basiléia, e mais tarde em Viena, obtendo um doutorado na Universidade de Ferrara. Na época, a química e a alquimia não eram muito diferentes, e na verdade ambas eram encaradas como a busca da verdade suprema e da ciência da natureza. Buscando essas verdades, Paracelso viajou extensamente, visitando o Egito, a Arábia, a Terra Santa e Constantinopla, tendo levado de volta para a Europa uma abundância de conhecimento do evoluído mundo islâmico medieval, inclusive tratamentos médicos que o tornariam famoso. À primeira vista, Paracelso teria rejeitado as tradições gnósticas, interessando-se, em vez disso, pelas filosofias herméticas, pitagóricas e neoplatônicas. No entanto, muitos estudiosos acreditam que a sua suposta rejeição pelas filosofias gnósticas não foi realmente confirmada devido ao seu raciocínio aristotélico hermético. Na realidade, a verdade é bem simples: era com os elementos mágicos de Agrippa e Flamel que Paracelso não concordava, considerando-os ilusórios, embora fosse um astrólogo praticante. O seu raciocínio encerra poucas contradições, pois Paracelso dedicou vários capítulos do seu livro *Archidoxes of Magic* a talismãs para várias enfermidades, de acordo com os signos do zodíaco — um procedimento bastante mágico. Ele também inventou um alfabeto para os Magi,[32] usado para gravar nomes angélicos nos talismãs. Mais tarde, depois de ser praticamente expulso da Basiléia, ele vagou pela Europa, África e Ásia Menor, em busca do conhecimento oculto.

O psicanalista Carl Gustav Jung proferiu uma palestra sobre Paracelso porque descobrira os segredos da psicologia a partir de antigas

Paracelso

fontes, e foi esse fato que atraiu Fleming, que o viu como uma rota para a sua salvação interior. Acredito que Fleming provavelmente se sentia à vontade com o lema de Paracelso: "Que nenhum homem pertença a outro que possa pertencer a si mesmo".

Na verdade, Fleming provavelmente deve ter sido profundamente afetado pelos *Textos Espagíricos* de Paracelso: "Desde tempos imemoriais os lampejos artísticos têm sido revelados para os artistas no sono e nos sonhos, para que em todos os momentos eles ardentemente os desejassem. Depois, a sua imaginação poderia produzir incontáveis milagres e invocar as nuances das filosofias, que os instruiria na sua arte".[33]

Na verdade, creio que foram as nuances desses filósofos que Fleming invocava nas suas obras. Temos que entender que, quando Fleming era jovem, a alquimia era considerada apenas precursora da química, e qualquer coisa além disso era encarada simplesmente como uma superstição tola. Somente hoje a alquimia está sendo, uma vez mais, encarada pelo que realmente era: muito mais do que uma mera precursora da química. De fato, a alquimia pouco difere do gnosticismo, já que é um trabalho sobre o eu; os seus diversos métodos de auto-aperfeiçoamento e psicologia conduzem à realização do verdadeiro eu, que foi denominado o divino no eu. O processo muitas vezes envolvia uma experiência mística e um sentimento de unidade com o universo ou a divindade, bem como uma sensação do conhecimento pleno. Os primeiros psicanalistas, como Jung, viram nessa união das duas naturezas da mente um antigo método que poderia efetivamente funcionar — o equilíbrio. E é por esse motivo que Paracelso não poderia ter detestado o gnosticismo, pois o equilíbrio situa-se na base deste último. Na verdade, o gnosticismo foi o primeiro amor de Jung, e a dedicação do psicanalista aos seus sistemas foi inexorável. Na realidade, eu também me sinto quase da mesma maneira, razão pela qual escrevi *Gnosis: The Secret of Solomon's Temple Revealed* [*Gnose: A Verdade sobre o Segredo do Templo de Salomão*, Editora Pensamento, SP, 2008], para mostrar às pessoas que existem métodos, tão antigos quanto o homem, capazes de favorecer a nossa própria regeneração e valor próprio.

Para compreender o significado do termo *gnose*, precisamos entender o que Jung tentou demonstrar para Freud, ou seja, que a sabedoria daquilo que os gnósticos chamavam *Sofia* precisa surgir dentro de nós. Sofia é o princípio feminino na nossa psique, e dessa maneira é venerada como uma deusa. Foi o amor a essa Sofia, ou sabedoria, que deu origem ao termo *filósofo*, ou seja, amante da sabedoria. A nossa parte masculina e freqüentemente dominadora era com excessiva freqüência um eu colérico e arrogante. Quando unidos, o lado poderoso voltado para a masculino e o sábio princípio feminino se fundiam dentro de nós para criar o filho do divino. O problema para pessoas como Jung (e ele era a principal influência) era que o gnosticismo parecia antiqüíssimo no início do século 20, e a ligação com o passado parecia ter sido rompida. Entretanto, devido ao seu espírito pertinaz, Jung aventurou-se no mundo da alquimia e descobriu que ela era a guardiã dessa sabedoria. A verdade era que o gnosticismo tinha sido silenciado pela Igreja de Roma, embora posteriores descobertas em Nag Hammadi fossem provar que o cristianismo tinha sido gerado nas dobras da tradição gnóstica. E assim, a verdade do nosso eu foi escondida de nós para que a humanidade tivesse que passar por um intercessor, como o sacerdote, a fim de controlar os seus impulsos e aprimorar o seu tempo na Terra. A Igreja foi ficando cada vez mais rica e poderosa, e a Europa pouco a pouco entrou na Idade das Trevas. No entanto, no Oriente Médio e na Ásia Menor, havia uma abundância de literatura sobre a sabedoria e mestres de sabedoria. Enquanto a Europa amputava pernas infeccionadas, os nossos amigos em terras distantes as curavam. Enquanto a Europa punha cordas em volta do pescoço dos infiéis, em regiões remotas a alquimia e a psicologia eram promovidas. Quando as duas culturas colidiram, bastiões de conhecimento como a Biblioteca de Alexandria foram totalmente incendiados e as pessoas mantidas na escuridão. Entretanto, debaixo do manto dessa história sombria insinuava-se uma sábia serpente, alimentando ordens secretas e textos alquímicos com conhecimento, gnose e sabedoria. Esses eram, na verdade, os verdadeiros tesouros trazidos de volta para a Europa pelos templários. Muitos tentaram fazer com que acreditássemos que esses tesouros eram, entre outras coisas, o

Santo Graal, a Arca da Aliança ou mesmo a cabeça de Cristo, e de uma maneira simbólica ou metafísica isso seria verdade, mas no sentido físico não é. É fato que tesouros foram criados e relíquias fabricadas e depois vendidas para o grande público cristão, mas infelizmente o verdadeiro tesouro estava oculto nos textos alquímicos, nas estruturas da geometria sagrada e na arte das divinas proporções — que revelavam onde Deus verdadeiramente residia. Os gnósticos sabiam que esse verdadeiro lugar se encontrava num ponto de fusão dentro da mente. Irrompeu na Idade Média e nos períodos medievais um grande volume de narrativas que, na superfície, pareciam nada mais ser do que propaganda religiosa ou do Estado. Entretanto, resvalando, escondida, estava a sábia serpente dos gnósticos.

Rei Artur

Uma dessas histórias continua hoje tão popular quanto sempre foi: filmes multimilionários são produzidos sobre o Rei Artur, o Santo Graal e Guinevere, a esposa de Artur. Essa narrativa contém na sua essência a verdade da gnose, e a maioria das pessoas a deixa escapar completamente.

O Rei Artur é o herói da história. Ele é forte e vigoroso, mas não extremamente sábio. É o herdeiro do trono da Terra, assim como somos herdeiros da nossa alma. ("Que nenhum homem pertença a outro que possa pertencer a si mesmo".)

O país está conturbado, infestado de invasores (ou elementos externos), que precisam ser erradicados ou mantidos sob controle. Mas Artur precisa de uma rainha que possa ajudá-lo a governar a nação. Ele já tem a poderosa espada adornada com uma serpente, mas precisa dos encantos suavizantes da sabedoria para empunhá-la. Guinevere será a sua rainha, como a própria rainha das serpentes, casada com Artur, o principal dragão (Pendragão). A serpente é sistematicamente encontrada na literatura gnóstica e nas obras alquímicas, e as histórias de Artur são narrativas alquímicas e gnósticas, não-detectadas pelo radar das autoridades católicas. Elas falam a respeito de uma mente que precisa de equilíbrio, e são uma advertência para todos nós, pois quando Artur e Guinevere se separam, exatamente como a mente dividida, a terra fica estéril, assim como a mente do homem também se torna inútil quando se encontra em um estado de dualidade. Dessa maneira, Ian Fleming fez deslizar por baixo do manto da ficção a sutil serpente do equilíbrio e da sabedoria. Como vimos em capítulos anteriores, o dragão ou a serpente são usados nas histórias de James Bond para representar tanto um poder positivo quanto um negativo, exatamente como Fleming descobriu nas antigas narrativas, e essa posição de equilíbrio é chamada de estado neutro. O próprio Ian Fleming disse o seguinte a respeito de James Bond: "Coisas exóticas aconteciam a ele e ao redor dele, mas ele era uma figura neutra...."[34]

O *Rosarium Philosophorum* (Rosário dos Filósofos) alquímico foi amplamente usado por Jung para expressar essa união divina de opostos. O texto contém dez figuras que ilustram a grande obra (opus) de transformação alquímica, que mostram o rei e a rainha passando por uma série de transformações de teor místico e erótico. Com o tempo, eles se transformam em um novo hermafrodita, ou ser andrógino, denominado Nobre Imperatriz. Nas imagens, os amantes primeiro se encontram vestidos e depois desnudos, simbolizando a pureza da sua ligação. Eles estão se confrontando com a verdade e na verdade. Em seguida, são mergulhados no banho alquímico, submergindo para remover a falsidade, e em *conjunction*, ou união, o que resulta na morte, da qual o espírito ou consciência pura surge renascida como a fênix. Esse novo ser não é nem o rei nem a rainha, e sim uma recriação do verdadeiro eu, finalmente unido.

Esse era o mundo no qual Ian Fleming se encontrava. Essa é a serpente insinuante da qual Fleming viu muito mais do que vislumbres na obra de Carl Jung e de Paracelso, e essa seria a mensagem que ele apresentaria na base dos seus romances de James Bond e de outros trabalhos. Bond se tornaria Artur e só teria sucesso ao unir-se com o princípio feminino. Mas Jung já havia realizado o trabalho mais difícil para nós ao pesquisar os inúmeros textos antigos, e Fleming, como um homem dividido, seguiu ávido o caminho. Carl Jung declarou: "Primeiro tive que encontrar evidências para a prefiguração histórica das minhas experiências interiores, ou seja, precisei perguntar a mim mesmo: 'Onde as minhas premissas particulares já ocorreram na história?' Se não tivesse conseguido encontrar essas evidências, eu jamais teria sido capaz de confirmar as minhas idéias. Ali, o meu encontro com a alquimia foi decisivo para mim, pois proporcionou-me a base histórica da qual eu até então carecia".[35]

Jung assinalou os aspectos redentores das obras de Paracelso, e deve ter sido por esse elemento que Fleming sentiu-se atraído. Paracelso ressaltou que os alquimistas humanos são capazes de induzir o processo da mudança ou transformação, o que libera a luz do divino aprisionada pela forma física. Era isso que Fleming precisava, e sob muitos aspectos utilizava como desculpa para as suas deficiências, ou seja, a sua forma física privava a luz de liberdade.

O próprio Jung deu consigo em um mundo de alquimistas dos séculos 16 e 17, e descobriu que esse mundo "representava um vínculo com o gnosticismo" e que "portanto existe uma continuidade entre o passado e o presente. Fundamentada na filosofia natural da Idade Média, a alquimia formava a ponte, por um lado, com o gnosticismo e, pelo outro, com o futuro, com a moderna psicologia do inconsciente".[36]

Alquimia

Fleming também lia textos originais, comprando muitos deles para a sua coleção, e também viria a descobrir que um dos principais alquimistas da Inglaterra no reinado da Rainha Elizabeth I se tornaria um padrão a ser seguido pelo alter ego of Fleming: o dr. John Dee. Examinaremos esse elemento com mais detalhes mais tarde; por agora, precisamos entender o que na alquimia, em primeiro lugar, se relaciona com a psicologia e, em segundo lugar, o que tem relação com o James Bond de Ian Fleming.

Antes de mais nada, a alquimia, na qualidade de trabalho sobre o eu, envolve olhar no espelho o nosso eu interior. O que encontramos quando fazemos isso nem sempre é belo. Na verdade, pode ser bastante feio. É por esse motivo que a alquimia faz referência à redução e à queima. Nem sempre isso diz respeito a reduzir o chumbo, a substância de pouco valor, à sua matéria-prima e, depois, por meio de métodos mágicos ou químicos, criar o ouro — elemento que figura com freqüência nos romances de James Bond. Pelo contrário, consiste em reduzir o refugo, o resíduo, a escória (chame como quiser) da nossa vida, para revelar o que estava presente no início: a alma do homem. Bond não sofre em todos

Rainha Elizabeth I

os livros o tormento dessa redução? Não é ele torturado antes que possa reconciliar-se e renascer? Como vimos, esse é dos principais níveis da trama de cada livro.

Depois que esse processo é realizado, descobrimos que se trata de um processo contínuo que precisa ser repetido vezes sem conta, exatamente como revela cada livro de James Bond. O motivo é simples: Os "elementos externos" do mundo representam uma força poderosa sobre a mente. Como disse Fleming: "Tenho uma tendência excessiva a ser afetado pelas circunstâncias externas. Elas se impõem a nós de tal maneira..."

Esses "elementos externos" são as influências dos companheiros, da imprensa, dos amigos, dos parentes e dos colegas. São pressões que surgem por causa do sistema de mundo no qual atuamos, e para não perder a nossa condição humana — a nossa alma — precisamos usar constantemente o reducionismo e eliminar as influências negativas que nos afetam. Desse modo, a mente de Fleming lutaria com as influências do mundo, porque ele realmente fazia parte do sistema e era impulsionado pelo desejo criativo de impressionar a mãe e o falecido pai, e ser tão, ou até mesmo mais, competente do que o irmão mais velho, Peter. Com o tempo, parece que Fleming se acostumou de tal maneira a essa batalha interior que decidiu abraçá-la; e, em vez de trabalhar em si mesmo, passou a desenvolver as suas batalhas nas páginas dos romances de James Bond.

Essa mentalidade formou-se a partir de influências adquiridas enquanto ele morava com a família Dennis na Áustria, as quais foram conduzidas pela leitura e interpretação de verdades muito antigas, bem como pelas idéias de Carl Jung, que dera a Fleming permissão para traduzir a sua palestra sobre Paracelso. É para esta última que precisamos nos voltar agora a fim de compreender mais profundamente as criações de Fleming.

CAPÍTULO 5

A PALESTRA

Ao descobrir que o criador de James Bond havia efetivamente assistido às palestras de Carl Jung e que até mesmo traduzira uma sobre Paracelso, a minha curiosidade foi despertada e decidi ler a palestra. Pressupus erroneamente que a mesma seria bem conhecida. Um homem tão famoso quanto Ian Fleming certamente teria tido cada parte e detalhe da sua vida desnudado para que todos vissem, mas eu estava redondamente enganado. Na verdade, fiquei impressionado com o fato de estar descobrindo elementos da personalidade de Fleming que não eram conhecidos ou não eram mencionados. Tive certeza de que esse texto, tão apreciado por Fleming a ponto de ele desejar traduzi-lo, me forneceria um vislumbre da engenhosa mente do autor de romances de espionagem.

Primeiro precisamos examinar a mente de Carl Jung a fim de descobrir o que havia nesse homem que tanto fascinava Ian Fleming.

Carl Jung

No estágio primitivo, a necessidade de nos cercarmos de mistério é de importância vital, e o segredo compartilhado é o *vínculo*[37] que mantém o grupo coeso. No nível social, o sigilo é uma compensação necessária para a falta de coesão na personalidade individual que, depois de constantes recaídas na identidade inconsciente original compartilhada com outros, está sempre se fragmentando e se espalhando novamente. Uma apologia do sigilo.

— Carl Jung, *My Life*

Nascido no dia 26 de junho de 1875, Carl Jung foi um dos mais famosos e notórios psiquiatras que o mundo já conheceu. Fundou a psiquiatria analítica e enfatizou o entendimento da psique — a mente — por meio da investigação dos sonhos, da mitologia, da arte, da filosofia e da religião. Praticou o seu ofício durante grande parte da vida, ao mesmo tempo que desenvolvia as suas idéias originais, amiúde em desacordo com o mundo estabelecido e aceito da psiquiatria. Jung investigou profundamente o mundo do ocultismo, da alquimia, da astrologia, da literatura e da arte, o que lhe conferiu o sentimento predominante de que o homem na verdade precisava de equilíbrio e harmonia.

Antes de meados do século 20, as palavras *alquimia* e *gnose* praticamente só eram mencionadas nos círculos das sociedades secretas e entre aqueles interessados nas ciências ocultas. No entanto, Jung mudou tudo isso, trazendo os ensinamentos arcanos e sagrados dos nossos ancestrais para o primeiro plano. Antes que ele publicasse as suas idéias sobre a alquimia, as pessoas que tinham ouvido falar nessa palavra simplesmente a atribuíam às antigas técnicas da química, pois muitos alquimistas de fato descobriram novas substâncias químicas e forneceram ao mundo alguns incríveis medicamentos novos. Entretanto, essa não era a origem do sistema, como Jung viria a descobrir. Sem a sua contribuição, o mundo do alquimista provavelmente continuaria a ser o mundo das ciências ocultas, mas Jung colocou esse antigo ensinamento à vista do mundo moderno, e hoje ele é discutido em muitos níveis. No entanto, o primeiro e o último amor de Jung foi o gnosticismo. Em 1912, ele escreveu para Sigmund Freud, afirmando que a sabedoria dos gnósticos, ou seja, Sofia, iria em breve reingressar na cultura ocidental através de uma nova forma de psicologia.

Mas a vida não era fácil para esse pesquisador solitário. Nos idos da primeira parte do século 20, não havia uma abundância de livros sobre a história ou as crenças gnósticas, de modo que Jung precisou investir uma enorme quantidade de tempo e recursos para conseguir textos originais e traduções. Ao longo dos anos, Jung acumulou uma base de conhecimento e modernizou o que os gnósticos haviam dito. Vimos no capítulo anterior o entendimento a que Jung chegara, o qual recebeu uma forte influência de Paracelso. No entanto, ele também foi influenciado por outros grandes luminares da doutrina gnóstica: pessoas como os hereges Irineu e Hipólito, bem como os adeptos da alquimia Valêncio e Basilide.

Hoje podemos contar com a ajuda de uma tradução contínua dos famosos textos de Nag Hammadi, mas Jung teve que colher o seu conhecimento em textos como a *Pistis Sophia*, contemporaneamente traduzido por George Mead. Jung ficou tão fascinado por essa tradução que efetivamente localizou Mead em Londres para expressar a sua gratidão.

Uma coisa continuou a aflorar na sua pesquisa: o elo entre os primeiros gnósticos de dois mil anos atrás e os de hoje. Onde estava o fio do pensamento gnóstico nos tempos modernos? Ele se extinguira completamente? Ou se transformara? Jung foi um dos primeiros homens a descobrir que esse fio era a alquimia. Simplificando, as convicções dos gnósticos, ou seja, de que o divino está dentro de nós e que precisamos estar perfeitamente equilibrados para poder entrar em contato, compreender e crescer com isso, não eram diferentes das analogias e metáforas encontradas nos textos e na arte dos alquimistas medievais, e que essa, portanto, deve ser a continuação da gnose.

Mas Jung estava lutando contra uma tendência estabelecida, cujo mestre parecia ser o seu velho amigo Sigmund Freud. Em 1914, Herbert Silberer, discípulo de Freud, publicou um trabalho que tratava das impli-

Sigmund Freud

cações psicanalíticas da alquimia. Freud repreendeu duramente Silberer, que em seguida se suicidou. Tudo indicava que, se Jung expusesse as suas idéias e conceitos sobre a alquimia, ele também teria que lidar com a ira de Freud. Entretanto, Jung conhecia a sua própria mente, e sabia que não poderia ser detido pelo conceito de Mestre que Silberer tão obviamente conferia a Freud. Jung então decidiu fortalecer a sua base de conhecimento para promover a sua convicção e provar o seu argumento. Deixou também muito claro nos seus textos posteriores que estava bastante consciente de que essa sua nova interpretação o distanciaria de Freud, e esperava que ela não significasse a perda de um amigo. No entanto, as cartas trocadas por Jung e Freud demonstram que a distância entre eles transformou-se num vasto e intransponível abismo.

Em 1930, Jung já descobrira, a partir dos textos do sinólogo alemão Richard Wilhelm, que os chineses também praticavam e compreendiam havia muitos séculos, na sua versão particular da alquimia, o que o Ocidente chama de gnosticismo. Na verdade, Jung descobriu que praticamente não havia nenhuma diferença entre o Oriente e o Ocidente no conceito de que os tormentos da vida humana surgiam do conhecimento da alma humana, da nossa própria consciência. Essa confrontação com a verdade da nossa existência, do nascimento e da morte, dava origem à união espiritual e alquímica dos opostos, freqüentemente chamados de rainha lunar e rei solar, e bastante conhecidos na China como o yin e o yang.

A Gnose de Sofia

Com o advento de livros do gênero de *O Código Da Vinci*, grande parte do mundo parece ter despertado para a idéia do princípio feminino ou da Deusa Mãe por meio da união sagrada de Cristo e Maria Madalena, precisamente como previra Carl Jung. Entretanto, inúmeras pessoas já tinham consciência desse aspecto do nosso passado, mas não no sentido literal, e é a busca da verdade desse passado oculto que procuramos agora, pois a busca da verdade revelará que o chamado Código Da Vinci não era um conceito literal — Jesus não se uniu efetivamente a Maria Madalena — e sim um código erudito, a luz do sol que se une à deusa da lua.

No decurso de gerações, a sabedoria do princípio feminino foi encoberta pela Igreja e tornada masculina, corroendo milhares de anos de equilíbrio e inclinando-o na direção de uma teologia dominada pelos homens contra a qual Carl Jung abertamente se manifestou. Mas a dissimulação não foi suficientemente forte, e agora, no ambiente atual, onde existe a liberdade de expressão e a Igreja não é temida, podemos uma vez mais desatrelar o poder da sabedoria que é verdadeiramente a Sofia dos gnósticos.

A palavra *gnose* deriva de um vocábulo grego e significa "conhecimento". Mas a língua inglesa sempre foi incompetente na interpretação de palavras estrangeiras, especialmente daquelas pertencentes a idiomas antigos. Na verdade, *gnose* significa a "experiência mística do Divino no Eu". É um conceito que os nossos historiadores afirmam ter dado origem a muitas crenças do cristianismo, que foram então meticulosamente examinadas para que fizessem parte da teologia dominante. Na essência da crença gnóstica situava-se a deusa Sofia, e é essa sabedoria que deriva da experiência mística do Divino no Eu. A deusa encontra-se no coração do nosso âmago mais profundo e natural; ela é o estado intuitivo, a ligação com o universo maior e a própria natureza. Esse não é um conceito da Nova Era ridicularizado pela sociedade comum, e sim algo que é efetivamente encontrado no cerne de todas as religiões do mundo, se nos dermos ao trabalho de procurá-lo.

Tomemos, por exemplo, o Templo de Salomão. Constatamos que esse templo tem a forma do homem (e da mulher). Ele foi construído em proporções geométricas sagradas. É, em essência, o Divino, como o homem no tempo, e portanto traz o céu para a Terra para que possamos entrar em contato com a Divindade em equilíbrio e harmonia. Mas o que são essas palavras, *equilíbrio* e *harmonia*, se o templo for dedicado apenas a um deus masculino? Bem, ele não era e não é simplesmente um templo dominado pelos homens, e todas as evidências estão presentes, esperando por nós, como uma arca do tesouro repleta de riquezas inimagináveis.

Para entender isso, precisamos examinar brevemente a deusa Asherah dos cananeus-fenícios. Ela é conhecida por muitos nomes, como "aquela que caminha sobre a água" ou "a Santíssima". Essas são declarações extraordinárias, especialmente porque deveria ser o "Cristo" ou o iluminado a caminhar sobre a água, e que era o Santíssimo. Na Suméria, Asherah é chamada de Ashratum, e é a esposa de Anu, o Luminoso. Ela é a lua para o sol dele, e atuam em perfeito equilíbrio e harmonia, o que precisamos fazer para poder ter a gnose ou o verdadeiro conhecimento do Divino, pois o verdadeiro Divino não é masculino, nem feminino, e sim o equilíbrio entre eles. Na religião israelita, Asherah também é conhecida como Shekinah, e é casada com Jeová, fato posteriormente ocultado tanto pelo judaísmo quanto pelo cristianismo. Ela também é conhecida como Dat ba'thani ou a Dama da Serpente, revelando outro símbolo também difamado, a cobra, símbolo que Fleming utiliza freqüentemente nos seus romances de James Bond.

Ao longo do tempo e pelo mundo todo, a serpente foi venerada como um símbolo da dualidade, energia, poder e sabedoria do homem. Ela era boa e má, positiva e negativa, masculina e feminina. Ela fala da iluminação e confere conhecimento a Eva (que significa "serpente fêmea", de *hawwah*). Mas ela se tornou maléfica quando o princípio feminino foi demonizado, e centenas de anos depois, temos um mundo bélico dominado pelo homem que carece do equilíbrio do princípio feminino da sabedoria. Vou apresentar uma explicação igual à da Bíblia.

Salomão (o nosso lado masculino) era rei de Israel. Ele era poderoso e vingativo (semelhante a Jeová). Era tão arrogante que fez a seguinte pergunta: "Existe alguém no mundo inteiro que desconheça a minha fama?" Em resposta, a poupa respondeu que havia uma pessoa, a Rainha de Sabá — a Rainha das Serpentes (o nosso lado feminino sábio). Esse pássaro, a poupa, é o elemento da nossa mente conhecido como o diálogo interior, no qual conversamos com nós mesmos. Era a mente dizendo ao lado positivo, dominado pelo homem, que havia outro elemento ao qual ele deveria prestar atenção, o princípio feminino negativo. A palavra negativo não é depreciativa nesse contexto, é simplesmente oposta. Na verdade, esse princípio feminino é sabedoria ou água para o fogo. O elemento da água é sempre feminino, e é por esse motivo que a palavra está ligada na etimologia a Maria, que, em muitos lugares, é simbolizada por um barco. O mesmo também ocorre com Ísis, Ishtar e outras. Esses dois opostos precisam se fundir para que a pessoa fique totalmente formada e em equilíbrio. Salomão e a Rainha de Sabá se reúnem, e o templo fica completa e totalmente formado. Quando voltam a se separar, Israel se desintegra e as tribos se dispersam; a Arca (a ligação com o Divino) desaparece do Santo dos Santos (a mente), de modo que precisamos aguardar que eles se reúnam novamente.

A serpente fêmea da sabedoria encontrava-se no templo como colunas de Asherah — grandes colunas de madeira entrelaçadas com serpentes — mas infelizmente até mesmo elas se tornaram masculinas quando passaram a ser chamadas de Asher*im* (sufixo masculino em hebraico).

Essas colunas eram semelhantes a um caduceu, uma árvore entrelaçada com duas serpentes em equilíbrio, conhecida como a Árvore da Vida e do Conhecimento.

No entanto, o conhecimento dessa união sagrada não desapareceu completamente, como constatou Jung. No período da Baixa Idade Média, o Oriente Médio manteve Sofia viva, e depois das últimas Cruzadas, muitos segredos foram trazidos de volta para a Europa bem debaixo dos olhos da Igreja Católica. Grande parte desse recém-descoberto conhecimento ainda pode ser visto no mundo moderno nos prédios, na arte e na linguagem. A álgebra, a medicina e a arquitetura são os exemplos mais óbvios, mas *gnose* é o aspecto subjacente e mais perigoso que se infiltrou de volta na Europa por meio de ordens como a dos templários e a dos cistercienses. O conhecimento da gnose era compreendido, mas contrariava diretamente a propaganda manipuladora da Igreja tradicional machista, de modo que passou para a clandestinidade. Hoje podemos encontrar essas verdades nas histórias propagadas pela ordem dos templários e dos cistercienses, como as narrativas do Santo Graal e as lendas arturianas. Artur de Pendragão, a principal (pen) serpente (dragão) macho, é casada com Guinevere (a rainha das serpentes), e enquanto estão unidos a terra é fértil, e tudo corre às mil maravilhas. Quando eles são "lanceados"[38] e separados, a terra se torna estéril e o mal se manifesta. Existe pouca diferença entre essa narrativa e a lenda de Salomão e a Rainha de Sabá, e podemos encontrar a mesma coisa nas histórias de Robin e Marion e muitas outras.

Agora, com novos olhos, podemos enxergar verdades a respeito do nosso eu deixadas nas histórias. Podemos ver um maravilhoso sistema de psicologia inserido num contexto espiritual. Não devemos ficar divididos na nossa mente, e sim em equilíbrio. Precisamos controlar o aspecto ardente baseado na masculinidade com o equilíbrio feminino da sabedoria. O controle do poder e da sabedoria no interior da nossa mente deriva da verdadeira gnose, e por intermédio da experiência mística ou iluminação podemos nos conscientizar disso.

Essa é a sabedoria que Carl Jung intuitivamente compreendia e que, a partir das suas experiências interiores, buscava no mundo do mito e da alquimia. Jung voltou-se para Paracelso como o instrumento capaz de lhe oferecer uma analogia de si mesmo, como o homem que lutava com o desprezo dos colegas a fim de trazer ao mundo a verdadeira sabedoria. E foi exatamente essa palestra que exerceu uma enorme influência em Ian Fleming quando ainda muito jovem.

A Palestra

Procurei o texto na Internet e descobri que praticamente não havia nenhuma menção à palestra, que dirá uma transcrição dela. Fiquei surpreso. Levei algum tempo, mas acabei descobrindo que a tradução fora dada de presente a Edith Sitwell. Fui em busca do patrimônio de Sitwell e descobri que muitos dos seus documentos estavam hoje nas mãos do Harry Ransom Center na University of Texas, em Austin. Quando obtive essa informação, entrei imediatamente em contato com o centro e pedi inicialmente permissão para ver o texto, e depois para usá-lo. Obtive autorização para ambas as coisas, e o que se segue é uma análise da extraordinária tradução de Paracelso: Uma Palestra, realizada no seu local de nascimento, a Ponte do Diabo, Einsiedeln, em 22 de junho de 1929, por Carl Gustav Jung (posteriormente traduzida do alemão por I. L. Fleming).

A palestra começa com uma simples descrição do nascimento de Paracelso em 1493, o que o coloca no signo de Escorpião, um prenúncio favorável para agentes de cura, envenenadores e médicos. A palestra passa então a tratar de algo que vimos no capítulo anterior, ou seja, a interpretação e a metáfora do equilíbrio divino. Jung nos diz que Paracelso foi mais moldado pelo Pai Sol e pela Mãe Terra do que pelo seu sangue.

Também é discutido o fato de que o próprio avô de Paracelso pertencia à ordem de São João e nascera dentro do círculo mágico dos Alpes, e creio que grande parte do legado de Paracelso deve ter repercutido em Fleming, bem como a declaração de que o seu pai foi uma figura sombria e solitária de sangue nobre, e que "nenhuma consideração espiritual atua com mais intensidade no ambiente humano, especialmente o da criança, do que a vida incompetente dos pais".

Jung enfatizou que poderíamos esperar encontrar uma profunda influência dos pais sobre o jovem Paracelso. Somos informados de que a tragédia da vida de Paracelso é que ele passará a vida tentando *ser* o pai, e melhorar o prestígio do pai por meio das suas ações, com isso perdendo toda a sua verdadeira ligação com os amigos. Creio que podemos perceber o quanto isso estava em sintonia com Fleming, e que as fantásticas aventuras pelo mundo desse herói do século 16 se desenvolveriam na sua mente, bem como a maneira escandalosa pela qual Paracelso recusava-se a seguir as regras convencionais.

Jung faz então uma declaração que contraria completamente a suposta crença do próprio Paracelso. Segundo o que sabemos, aos 38 anos de idade uma metamorfose teve lugar na vida de Paracelso e, de repente, o médico transformou-se em um homem filosófico, mas Jung afirma claramente que esse termo, *filosófico,* está incorreto, pois o que Paracelso estava revelando era o homem gnóstico. Foi precisamente isso que identifiquei desde o início nas histórias de James Bond. Tanto Jung quanto Fleming reconheceram esse elemento gnóstico, e ambos passariam a vida tentando primeiro compreendê-lo e, depois, usá-lo como uma ferramenta para a o auto-aperfeiçoamento. Jung nos diz que essa mudança ocorreu em Paracelso na meia-idade, e que ela é uma ocorrência espiritual comum, algo que provavelmente chamamos (incorretamente) de "crise da meia-idade". Esse elemento tem lugar "no eu subliminar". Na verdade, podemos perceber no original da tradução que Fleming tentou entender esse conceito, pois a sua tradução inicial foi "diante do limiar do inconsciente", e depois ele escreve a lápis, à mão, "no eu subliminar". Isso revela o desejo de Fleming de traduzir corretamente a palestra, bem como a sua interpretação de que a sua primeira tentativa não estava correta. Na verdade, esse elemento não está "diante do limiar do inconsciente", pois trata-se de um estado de ação física, sendo, ao contrário, algo logo abaixo da consciência — em outras palavras, subliminar.

Jung então nos diz que Paracelso morreu como um bom católico, e que ele simplesmente lidava com o seu pensamento interior e oculto colocando o intelecto em uma gaveta e a consciência em outra. Fleming fez a mesma coisa com a sua vida, evitando assim o atrito.

Jung fala em seguida da *hyaster*, uma palavra híbrida formada por *hylé*, ou "matéria", e *astrum*, ou "cósmico". Ela é a matéria cósmica, a união do que está em cima com o que está embaixo, a formação da força e da matéria. Ela é revelada no *limbus*, um grande círculo para o mundo espiritualmente animado e um círculo menor para o homem, demonstrando que o que está fora também está dentro e vice-versa. O mundo material era animado pela mesma força que animava o mundo espiritual, e Jung prevê que um dia ainda nos perguntaremos como pudemos ter esquecido essas antigas verdades. Ele chama essa força, a correspondência entre o mundo material e o espiritual, de *entia*. As doenças poderiam ser curadas usando-se *entia* contra *entia*, espírito sobre espírito.

Os conceitos da medicina para o corpo e medicina para a mente e a alma discutidos por Jung na palestra revelam a antiga sabedoria da gnose. Para Jung, não havia nenhuma separação entre as teorias e convicções de Paracelso e os antigos conceitos da gnose. Ele propunha obstinadamente a cura do eu, e esse era um legado que estava oculto ou escondido há um tempo excessivo, ao mesmo tempo encoberto ou perdido pela Igreja que supostamente deveria guiar as pessoas. Paracelso sofreu imensamente nas mãos dos seus colegas médicos, assim como Fleming viria a sofrer nas mãos dos críticos contemporâneos, e no entanto ambos cresceram além de todos esses oponentes. Paracelso liderou o caminho com as suas curas e convicções filosóficas, e talvez as tenha encontrado por precisar delas. É uma verdade evidente que muitas pessoas se tornam agentes de cura porque precisam da cura, e Fleming também se aproximaria das antigas verdades da gnose, vistas aqui claramente pela sua própria mão e letra, por estar seriamente precisando de uma cura interior.

Fleming pegou tudo o que estava aprendendo e começou a formular o seu método pessoal de contar histórias. Ele criou o seu Rei Artur da modernidade, e quer consciente quer subconscientemente (subliminar), reuniu todas essas influências nas histórias firmemente desfiadas de James Bond.

As palestras de Jung e outras obras inspiraram Fleming em um mundo psicológico mais profundo, um mundo de luz e trevas que estava em sintonia com as experiências interiores de Fleming. A *lumen naturae,* ou a luz ou força da natureza, citada pelos alquimistas e evidenciada por Jung na sua palestra sobre Paracelso e a alquimia, surgiria em *Hildebrand Rarity* de Ian Fleming, a rainha lunar e o rei solar se uniriam nas histórias repetitivas de James Bond e as suas parceiras, e as trevas que residem no interior e que precisam ser dominadas se tornariam realidade na constante nêmese com a qual Bond lutaria.

Para a nossa mente moderna, o mundo de Jung, de Paracelso, da gnose e da alquimia parece estranho e distante da nossa vida prática do dia-a-dia. E essa é a beleza de tudo — a complexidade de palavras, símbolos, códigos e cifras esconde uma interpretação simples. Tão simples que precisava ficar oculta. A verdadeira espiritualidade, a verdadeira sabedoria e entendimento serão encontrados dentro do verdadeiro eu, se conseguirmos descobrir o que é isso. Quando vamos ao cinema e assistimos a um filme de James Bond, uma grande parte de nós sai de lá com o desejo subconsciente (e às vezes consciente) de ser James Bond. Temos vontade de comprar um carro esporte equipado com engenhocas e combater o mal de uma maneira elegante e sofisticada. Expressamos esse mundo interior pela maneira como andamos e falamos; tocamos a música de James Bond no carro e vivemos em um mundo de fantasia. Sucumbimos à influência física e mental e absorvemos a persona projetada de outra pessoa.

O problema é que James Bond não é real. Ele é uma criação da mente de muitas pessoas, não apenas de Ian Fleming, pois os filmes são criados pelos produtores, diretores, escritores e, sobretudo, pela equipe de marketing. Como em geral não estamos conscientes do nosso verdadeiro eu, absorvemos as influências dos outros e, com o tempo, nos transformamos em uma coisa que realmente não somos. O trabalho do alquimista e do gnóstico era erradicar essa falsa influência e descobrir o verdadeiro eu na essência. Isso é freqüentemente comparado a descascar uma cebola: cada camada nos faz chorar, mas quando chegamos ao centro encontramos um núcleo belo, puro e branco.

Esse é o verdadeiro mundo do oculto — o mundo do que está encoberto — e é para esse mundo encoberto que precisamos agora nos voltar para descobrir as influências ocultas sobre Ian Fleming.

Capítulo 6

Ian Fleming, Terceira Parte: Influências Ocultas

Quando Ian Fleming concluiu os estudos, passou os anos seguintes trabalhando como jornalista e criando ao seu redor vários grupos de amigos que ele mantinha separados. Em 1939, quando irrompeu a Segunda Guerra Mundial, Fleming se viu no mundo do serviço secreto, onde viria a reunir mais influências e usar o seu conhecimento e cérebro quase anarquista a serviço do seu país. O fascínio de Fleming pelas ciências ocultas, pela alquimia e pela magia o conduziria com o tempo aos braços do velho e sábio mago (muito odiado e muito amado) Aleister Crowley.

Tudo começou em maio de 1941, na época em que Fleming estava envolvido nos assuntos sigilosos do serviço de inteligência militar, quando o suplente de Hitler, Rufolf Hess, deu um impressionante salto de pára-quedas na Escócia. Hess era um antigo amigo de Hitler. Haviam sido presos juntos no Putsch da Cervejaria de 1923, e ele transcrevera *Mein Kampf* de Hitler. No que diz respeito às sociedades secretas e crenças ocultas, Hess foi o tempo todo "íntimo" da Sociedade Thule.

O fascínio de Rudolf Hess pelas ciências ocultas era tão famoso que o mundo inteiro parecia ter conhecimento dele, particularmente porque o serviço de inteligência britânico usaria o fato como propaganda para fazer Hess de bobo. Embora alguns historiadores afirmem que Hess estava sobrevoando a Escócia para tentar firmar um novo tratado de paz, a verdade pode ser mais grotesca. Consta que Fleming e vários outros famosos agentes do serviço de inteligência, entre os quais Maxwell Knight, que eles chamavam de "M", arquitetaram um plano para atrair Hess para a Grã-Bretanha fornecendo-lhe falsos mapas astrológicos. Os mapas previam que seis planetas no signo de

> A Sociedade Thule, ou Grupo de Estudos da Antiguidade Germânica, era um grupo ocultista de Munique que recebeu esse nome em homenagem ao mítico país setentrional da lenda grega. Ela seria mais tarde transformada por Adolf Hitler no Partido Nazista, mas fora formada originalmente em 1918 como uma sociedade secreta, a Ordem dos Teutões. Eles afirmavam que Ultima Thule era uma terra fundada pelos geógrafos gregos e romanos no extremo norte, e que era o lar original da raça ariana, teoria apoiada pela antiga e difundida descoberta da suástica. Esses conceitos haviam sido fomentados anteriormente por teosofistas como Helena Blavatsky, que afirmava que Thule era a Atlântida de Platão, e mais tarde constatamos que o próprio Aleister Crowley tinha um forte vínculo com os teosofistas.

Touro iriam coincidir com a lua cheia, o que significava que uma reunião secreta com o objetivo de encerrar a guerra seria bem-sucedida. Uma falsa história, que dizia que certas elites escocesas pretendiam derrubar o governo de Churchill, já tinha chegado anteriormente ao conhecimento de Hess, de modo que este decidiu voar disfarçado para a Escócia para se encontrar com um dos principais conspiradores — o

Duque de Hamilton —, que estava perfeitamente a par de todo o estratagema.

A coisa toda funcionou perfeitamente, e Hess, incapaz de aterrissar o avião, simplesmente o abandonou e saltou de pára-quedas. Por alguma razão, os serviços de inteligência decidiram não tirar proveito da situação e torná-la pública, optando simplesmente por interrogar Hess e aprisioná-lo. Aparentemente foi suficiente que o braço-direito de Hitler tivesse desaparecido. Na Alemanha, Hitler começou a impor restrições às ciências ocultas e declarou que Hess havia simplesmente enlouquecido, o que foi divertido. No dia 12 de maio, ouviu-se o seguinte na Rádio de Berlim:

> Uma carta que ele deixou para trás lamentavelmente revela indícios de um distúrbio mental devido ao visível estado perturbado do seu autor, e receia-se que ele tenha sido vítima de alucinações. O Fuhrer ordenou de imediato a prisão dos assistentes do membro do partido Hess, que eram os únicos a ter qualquer conhecimento desses vôos, e, contrariando as ordens do Fuhrer, das quais eles estavam perfeitamente cientes, nem impediram nem relataram o vôo. Nessas circunstâncias, é preciso pensar seriamente na possibilidade de que Hess tenha saltado do avião ou sofrido um acidente.

Não sabemos se toda a história desse engodo é verdadeira ou não, pois há poucas evidências que a confirmem (a que existe sendo basicamente proveniente do autor e amigo de Fleming, Donald McCormick, em *British Secret Service* e *17F: The Life of Ian Fleming*). Mas a KGB declarou depois da guerra que o agente duplo Kim Philby teria revelado que houvera uma conspiração do SIS[39] para atrair Hess para a Grã-Bretanha por meio de cartas forjadas do Duque de Hamilton.

No entanto, existem certamente indícios de que a astrologia teve uma participação na derrocada de Hess, de modo que o vínculo com Crowley é posteriormente confirmado, sem contar o fato de que foi solicitado a Crowley que empregasse o seu conhecimento oculto na questão da tagarelice de Hess. No dia 14 de maio de 1941, o *Volkishcer Beobachter* de Berlim relatou o seguinte: "Como é de conhecimento geral nos círculos do Partido, a saúde de Rudolf Hess esteve debilitada durante muitos anos, e nos últimos tempos ele passou a recorrer cada vez mais a hipnotistas, astrólogos e outros. Até que ponto essas pessoas são responsáveis pela confusão mental que o levou a dar esse passo atual é uma questão que ainda precisa ser esclarecida."

Esse texto indica que em 1941 os rumores de impropriedade astrológica eram abundantes. Em 1942, Churchill disse o seguinte ao parlamento: "Quando Rudolf Hess voou para cá há alguns meses, ele acreditava firmemente que tudo o que precisava fazer era obter acesso a certos círculos neste país para que o que ele chamava de "panelinha de Churchill" fosse derrubada do poder e instituído um governo com o qual Hitler poderia negociar uma paz magnânima".[40]

A questão era politicamente tão melindrosa que a verdade foi encoberta. Houve de fato uma tentativa efetiva de assinatura de um tratado de paz com Hitler em cujo jogo Hess foi simplesmente um joguete? Existia realmente uma elite britânica, com características semelhantes às do Duque de Hamilton, que simpatizava com o partido nazista e estava, portanto, disposta a derrubar o governo britânico? Ou tudo não passou de um inteligente plano britânico de espionagem? Churchill escreveu as seguintes palavras em um memorando: "Os russos estão muito desconfiados do episódio Hess, e tive uma longa discussão a respeito disso em outubro com o Marechal Stalin em Moscou, quando ele sustentou com firmeza que Hess fora convidado a vir à Grã-Bretanha pelo nosso Serviço Secreto. Não é do interesse do público que a totalidade dessa questão seja atiçada no momento presente".[41]

Rudolf Hess

O fato é que Hess foi capturado enquanto tentava se encontrar com alguém na Escócia e foi interrogado. Infelizmente, durante o interrogatório ele falou numa linguagem tão ridícula que ninguém conseguiu entendê-lo. Parece que ele ficara completamente louco. Como os agentes sabiam que Fleming estava em contato com as ciências ocultas e as compreendia, a sua ajuda foi requisitada. Assim sendo, Fleming, que jamais perdia uma oportunidade, recorreu a um dos homens mais notórios da história britânica: Aleister Crowley.

Alguns pesquisadores afirmam que, durante muitos anos, Fleming alimentara um interesse pela lenda da auto-intitulada Grande Besta, que se dizia ser um homem que se autopromovia, imensamente repugnante, satanista e egoísta. O fato de Crowley ter mergulhado nas ciências ocultas sem pensar duas vezes a respeito do que o mundo pensaria dele parecia atrair Fleming.[42]

Neste ponto chegamos a um entendimento definido na vida de Ian Fleming: o fato de que, anos depois do seu interesse da infância por Paracelso, o ocultismo ainda o intrigava — a ponto de ele ter sido fascinado por Crowley.

Os interrogadores do Serviço de Inteligência britânico simplesmente não conseguiram extrair nenhum sentido da fala desconexa de Hess, de modo que Fleming soube de imediato que Crowley seria o homem certo para a tarefa. Era um fato bastante conhecido no mundo do serviço secreto que, se existia alguém que sabia como obter informações sobre o mundo oculto, essa pessoa era Ian Fleming. Inacreditavelmente, Crowley, que supostamente estava vivendo uma vida tranqüila escrevendo poemas de guerra patriotas em Torquay, concordou instantaneamente com o projeto. Nas próprias palavras dele: "Se é verdade que Herr Hess é muito influenciado pela astrologia e pela Magick, os meus serviços poderiam ser úteis ao departamento caso ele não se mostre disposto a fazer o que vocês desejam".[43]

É uma pena, mas independentemente da tradição popular em volta de Crowley e Fleming, somos informados de que o encontro efetivo jamais aconteceu. No entanto, o relato é uma indicação do interesse de Fleming pelos temas do ocultismo e da magia, bem como do seu conhecimento sobre o assunto. O próprio fato de os agentes do serviço secreto terem se voltado imediatamente para Ian Fleming é muito revelador. Eles certamente sabiam que ele se interessava pelo assunto e estava envolvido com pessoas que eram ocultistas, e acredito que as ligações de Fleming na área das ciências ocultas eram muito mais extensas do que está registrado.

Goldeneye

Pierce Brosnan notoriamente estrelou *Goldeneye,* um filme de James Bond que preparou o terreno para outras aventuras repletas de ação e revigorou o cenário dos filmes de Bond. Mas o nome do filme foi extraído da casa de Ian Fleming, e não era um romance.

Durante a guerra, Fleming decidiu procurar um refúgio na ilha da Jamaica. Ele pediu ao seu amigo chegado e grande conhecedor da Jamaica, Ivar Bryce, que o ajudasse a encontrar uma propriedade. Bryce enviou para Fleming fotografias de uma propriedade que estava à venda por duas mil libras e que tinha uma praia numa enseada encoberta, natureza selvagem e penhascos; ele se apaixonou pelo lugar. O local se tornaria o seu pequeno pedaço do paraíso. Não conhecemos as instruções específicas que Bryce recebeu, mas sabemos que Fleming já conhecia muito bem a Jamaica.

Fleming contratou um construtor e foi a campo para tornar a propriedade um lugar razoavelmente habitável. Na opinião da maioria das pessoas, concluído o trabalho, o local se tornaria árido e decididamente desolado, mas era exatamente o que Fleming necessitava e desejava. Ele também precisava dar um nome ao local. De vez em quando, ele dizia que o nome *Goldeneye* vinha de um livro de Carson McCuller intitulado *Reflections in a Golden Eye* e em outras ocasiões afirmava que tinha sido tirado da Operação Goldeneye, na qual trabalhara durante a guerra (e à qual dera o nome). Entretanto, o mais provável — e na verdade mais significativo para os alquímicos Bond e Fleming — é o fato de que o lugar se chamava Oracabessa, que é "cabeça de ouro" em espanhol. Além disso, havia de fato um túmulo espanhol no local onde um olho de ouro estava incrustado em uma cabeça de ouro.

Com o conhecimento de que Fleming sentia um enorme fascínio pela alquimia e pelos mistérios do Oriente, não seria uma surpresa descobrir que ele deu ao seu "paraíso" um nome relacionado com uma coisa que o absorvia tão profundamente. Sabemos que a alquimia mística retornou à Europa depois das incursões da cristandade no Oriente Médio, e mostrei em outro lugar que grande parte desse conhecimento voltou para a Europa por intermédio dos templários, vindo dos elementos místicos do Islã — a saber, dos sufistas. Fleming, sem dúvida, ouvira falar nos

Desenho de Baphomet de autoria de Eliphas Lévi

templários, pois incluiu um personagem Bill Templar em *Diamonds Are Forever*. Também é de conhecimento notório que os templários veneravam a serpente bem como uma misteriosa cabeça chamada Baphomet, e na minha opinião essa palavra deriva de *baphe* (submersão) e *metis* (sabedoria). Por conseguinte, os templários veneravam a submersão da pessoa na sabedoria, uma característica nitidamente gnóstica e alquímica. Idries Shah, autor de *The Sufis*, sustenta que o fato de os templários venerarem a cabeça era uma referência à transumanização que tem lugar dentro da cabeça do adepto: "A Cabeça de Ouro (sar-I-tilai) é uma frase sufista utilizada para aludir a uma pessoa cuja consciência interior foi 'transmutada em ouro' por meio de estudos e atividades sufistas".

Desenho do ex-libris de Ian Fleming

Isso poderia de fato estar relacionado com a cabeça de ouro espanhola encontrada em Oracabessa, pois o sufismo não era desconhecido na Espanha mourisca e influenciou o mundo místico espanhol. Mas será que Fleming tinha conhecimento disso? Tendo em vista as suas influências e interesses, eu diria que sim. A imagem no ex-libris que ele usava na sua coleção de livros ostenta a cabeça de um bode cornífero dourado contra um fundo preto — o brasão do clã de Fleming, com as palavras "Let the Deed Shaw [show]"[44]. Baphomet também era retratado com uma cabeça de bode dourada, e os chifres são um símbolo da iluminação.

O próprio "Olho de Ouro" é a visão do adepto — o sentimento e o conhecimento divino do indivíduo amalgamado ou indiviso. Mas também é um termo usado para a proporção de ouro, uma série de proporções matemáticas que, quando traçadas, exibem a forma de um olho. Essas mesmas proporções têm sido usadas há milhares de anos, e na realidade são visíveis no Olho Egípcio de Rá ou no Olho de Hórus. É um intenso instrumento esotérico que revela o conhecimento dos mistérios da natureza. Saberia Ian Fleming mais do que somos levados a acreditar? Será que ele entendia essas proporções divinas?

De fato, uma das palavras que Fleming usava constantemente era *simetria*, e dizem que o seu impulso em direção a ela na sua vida o conduziu ao ponto de praticar atos extremos, quase obsessivos e compulsivos. Os bistrôs e restaurantes que ele freqüentava e os amigos que tinha se encontravam sob o jugo do seu impulso em direção à simetria.[45]

E eu acrescentaria que essa simetria se estendia à estrutura que ele construiu em Goldeneye (e até ao próprio nome), o lugar onde a sua musa vicejaria. Fleming revela a sua interpretação da psicologia da si-

O Olho de Ouro de Deus

metria em uma série de artigos intitulada "Thrilling Cities" : "...o frustrado ou ofendido suíço entra de imediato, como dizem os psicólogos, 'em paroxismo' ... Esses estados de paroxismo — a reação do simetrista ao caos — são indícios da profunda psicose que resulta da restrição. Eles são a tampa da panela de pressão que estoura."[46]

Segundo Fleming, a falta da simetria gera o caos, e este precisa ser ordenado.

Como já vimos, uma das imagens usadas em âmbito mundial para o equilíbrio interior que Fleming tão ansiosamente buscava era a serpente ou a cobra. Como mostrei em vários livros, na antiguidade a cobra era empregada no mundo inteiro como um símbolo da iluminação interior. Se Goldeneye era o retiro sentimental de Ian Fleming, onde ele precisava de simetria e equilíbrio, e se Fleming realmente compreendia os antigos conceitos alquímicos (como são retratados pela serpente em todos os textos e trabalhos artísticos alquímicos), então certamente a cobra estaria simbolizada no santuário que era o Olho de Ouro.

"Mas eu me cansei da armação de cama e das figuras de cobras que ele afixara em toda a parede do quarto..."[47] Essas palavras do famoso amigo de Fleming, Noel Coward, revelam que não apenas era a cobra retratada em Goldeneye, como também ela estava "afixada em toda a parede do quarto". Até mesmo o símbolo alquímico do ourobouros — a serpente que morde a própria cauda — apareceria em *Live and Let Die* como a Ourobouros Worm and Bait Company, e, em *Dr. No*, acredita-se que a Bond girl tenha a *obeah* do vodu (*ob* significa "cobra"), porque ela se sentia à vontade com cobras enroladas no pescoço.

Na verdade, quase todo mundo que visitou Goldeneye enquanto Fleming ocupou o local diz a mesma coisa a respeito da decoração, ainda que o local fosse muito austero, parecendo quase um templo. Era um lugar de evasão de um mundo que desestabilizava Fleming. Nas palavras dele: "Se eu me deixar oprimir pelas doenças da cidade grande das quais procurei fugir ao vir para cá — o telefone, a agitação do *gin rummy* e da canastra, as fofocas e como acompanhar a roda-viva — essas serão as serpentes deste Éden".[48]

As influências psicológicas e esotéricas orientais e antigas exercidas em Fleming eram simplesmente parte integrante da mistura maior. Como declarou Noel Coward: "A família Fleming é muito estranha. Temos o velho Peter sem uma única papila gustativa na cabeça, zunindo pelo Tibete antes da guerra em um iaque e alimentando-se de esterco de vaca. Ian era no fundo bem parecido".[49]

É claro que precisamos nos perguntar como Ian Fleming conseguiu manter tão secreto esse elemento da sua psique. Os fatos não são difíceis de descobrir. No final da Segunda Guerra Mundial, Fleming se estabeleceu de uma maneira incrivelmente profunda no serviço secreto da inteligência naval, e a sua função, muito simplesmente, era manter as coisas em segredo. Depois desse período, tornou-se cada vez mais difícil encontrar exemplos dos conceitos esotéricos de Fleming. A sua inclinação por Paracelso e Jung praticamente só volta a aparecer quando ele se depara com a católica mística Edith Sitwell.

O que emergiu do período que Fleming passou no serviço ativo foi o seu interesse pela estrutura celular. Parte do papel dos serviços secretos (e das sociedades) era e é desenvolver células em todos os tipos de lugares. Pequenos grupos de pessoas eram criados e mantidos separados uns dos outros. Fleming fazia isso com uma arte igualada por poucos, e levava o processo para a sua vida particular. As suas múltiplas e variadas amizades eram "meticulosamente isoladas" em cada área da sua vida, na cidade, no Ministério das Relações Exteriores, no jornalismo e até mesmo no serviço secreto.[50]

Ele ocultava a amplitude total das suas células até mesmo dos seus superiores no almirantado, o que não agradava ao Almirante Godfrey. Era dessa maneira que Fleming conseguia manter o seu mundo ordenado e simétrico, e também era assim que ele conseguia manter em segredo o seu mecanismo interior.

Edith Sitwell

Uma das amizades dos seus anos mais maduros que ele prezava mais do que muitas outras era a da poetisa Edith Sitwell.

Nascida em Scarborough e filha do excêntrico aristocrata *Sir* George Sitwell, ela afirmava descender da dinastia Plantagenet (reis históricos da Inglaterra), tendo se distanciado dos pais, que ela dizia terem sido desconhecidos para ela. O trabalho e o interesse de Sitwell eram profundamente místicos, quase gnósticos. Em meados da década de 1940, Edith Sitwell era uma poetisa e escritora popular (assim como os seus irmãos).

Em 1947, Fleming iniciaria o processo de adicionar Sitwell às suas células literárias e até mesmo esotéricas ao inadvertidamente ofender a majestosa velha dama da poesia inglesa. Ele comentou em um jantar no qual ambos estavam presentes que achara divertido ter encontrado o poema "The Shadow of Cain" de Sitwell na lista Horizon (uma lista dos maiores sucessos da literatura). Esse fato enfureceu de tal modo a poetisa que ela escreveu para William Plomer, amigo de Fleming, relatando a ofensa.

Na verdade, Fleming em nenhum momento tivera a intenção de ofender, e imediatamente escreveu para Sitwell desculpando-se. O resultado desse pedido de desculpas foi o início de uma amizade. Sitwell comentou que a carta de Fleming não poderia ter sido mais agradável, e ele, na sua função no jornal *Times*, conseguiu publicar "The Shadow of Cain" no *Sunday Times*, como uma declaração da sua mais recente amizade. Nessa ocasião, Fleming ainda não tinha escrito nenhum livro, mas a influência da sua nova célula literária estava aumentando. Ele começava a perceber que esses outros autores, como Sitwell, estavam usando a sua inclinação mística e esotérica nas suas obras, e que ele poderia fazer o mesmo.

A influência de Sitwell foi profunda sob vários aspectos. As suas longas conversas os levaram a trocar idéias sobre a tradução que Fleming fizera da palestra de Jung sobre Paracelso, e eles chegaram a discutir a possibilidade de publicar o texto em forma de livro com o endosso da própria Sitwell. O entusiasmo que compartilhavam pelo místico e alquimista do século 16 e pela interpretação de Jung dos segredos antigos e secretos, iria promover um forte afeto mútuo e duradouro. Não obstante, o livro nunca tomou forma.

Casino Royale

Quando Fleming finalmente pegou no lápis e se pôs a trabalhar em James Bond, ele escreveu *Casino Royale,* no qual expressou a sua experiência mística pessoal. A sua interpretação dos conceitos de Jung a respeito do inconsciente coletivo se manifestou na redação do livro, a qual se apresentou com tal velocidade que o deixou impressionado. Fleming estava expressando dessa maneira o que muitos escritores do mundo esotérico teriam exprimido, ou seja, que havia uma ligação singular entre a máquina de escrever e as partes mais profundas da mente humana. Quando escrevi *Gnose: A Verdade sobre o Segredo do Templo de Salomão,* tive a mesma sensação. Antes disso, eu escrevera livros que exigiram um grande trabalho de pesquisa, e cuja redação me deu, francamente, uma grande dor de cabeça. Entretanto, quando me sentei para escrever *Gnose,* tudo começou a fluir de mim como se eu tivesse aberto uma via de acesso para outro lugar e não pudesse mais conter as águas.

A verdade, como Jung e muitos alquimistas e místicos ressaltaram, é que o conhecimento dentro da nossa mente, acumulado ao longo dos anos, atinge de repente um ponto conhecido como o *princípio do centésimo macaco,* e não há como refreá-lo. Trata-se do princípio segundo o qual, quando o centésimo macaco é colocado na jaula, esta não pode mais conter todos eles, de modo que se rompe, soltando todos os macacos.

> "No caso de Ian Fleming, certamente foi a liberdade e a profundidade com as quais ele conseguiu entrar em contato com o seu inconsciente que coloca *Casino Royale* em uma classe exclusiva entre os romances de suspense e as histórias de aventura."[51]

> "O invulgar é que aqui, encerrada dentro da frágil estrutura da história de espionagem de uma linha de produção barata, reside a estranha obsessão desse homem bizarro por si mesmo."[52]

Quando Fleming atingiu o seu centésimo macaco, ele liberou uma torrente de informações dentro da sua mente que haviam permanecido em cavernas secretas durante um longo tempo. A riqueza de informações dentro da mente de Fleming a respeito do mundo secreto da espionagem, e da vida em geral, iria criar uma maravilhosa subestrutura para a verdadeira filosofia junguiana que seria revelada em *Casino Royale*.

E na realidade, esse é o ponto central da gnose — a experiência mística do Divino dentro do eu, e o que é esse Divino? Ele é o ponto de entendimento que libera o conhecimento e uma sensação de unidade; ele é o segredo do centésimo macaco. Fleming se revelou nas páginas de *Casino Royale* como o faz todo escritor, mas ele tinha os seus problemas para representar, bem como o seu conhecimento do esotérico e do mundo místico. Ele havia realmente despertado para o que podia fazer. O seguinte texto é do parágrafo de abertura de *Casino Royale*: "O cheiro, a fumaça e o suor de um cassino são nauseantes às três horas da manhã. Em seguida, a erosão da alma produzida pelas apostas elevadas — uma combinação de ganância, medo e tensão nervosa — torna-se insuportável, e os sentidos despertam e sentem repugnância".

Em *Casino Royale*, Fleming pintou um cenário que ele iria recriar repetidamente em graus variados de sucesso, pois dentro desse cenário residia a verdade que Fleming estava tentando formular. Havia um código dentro do trabalho que somente filósofos junguianos seriam capazes de decifrar, pois ele habilmente cria tanto um personagem heróico quanto demoníaco. Por um lado, temos o cavaleiro andante que se encontra em uma missão de salvar a donzela e o mundo ou o reino e, por outro, temos o cavaleiro sombrio ou negro.

Em *Casino Royale*, Fleming chama o adversário do seu herói de Le Chiffre, o que muitos acreditam ser uma recriação de Aleister Crowley, ou pelo menos a interpretação popular do mesmo. Essa idéia certamente se baseia em um raciocínio razoável, e é em parte verdadeira, mas existe mais: por meio do nome que escolheu, Fleming nos revela o que estava fazendo. *Chiffre* é na verdade uma palavra francesa que significa "cifra" ou "código". Como Bond diz para Le Chiffre: "Devo dizer que você é uma cifra muito importante".

Le Chiffre afirmou ter sido um dia um prisioneiro judeu de Dachau, que sofrera amnésia, de modo que só conseguia se lembrar do número do seu passaporte. Fleming está nos dizendo bem ostensivamente nesse caso que existe um código no livro. Examine agora como essa nêmese de Fleming/Bond morre no livro quando recebe um tiro: "... E de repente Le Chiffre criara outro olho, um terceiro, no mesmo nível dos outros dois, bem no lugar onde o nariz grosso começava a se projetar debaixo da testa. Era um olho pequeno e preto, sem pestanas ou sobrancelha".

Ao desvendar a cifra, ou código, a suprema realização seria alcançada e o terceiro olho se abriria. É código sobre código, belamente escrito. Em *Casino Royale*, Fleming faz com que Le Chiffre atenda a um "maravilhoso propósito" e a um "propósito realmente fundamental", que ele afirma ser o propósito mais elevado de todos, que a sua existência como o equivalente maligno estava na verdade criando uma norma de maldade pela qual somente uma bondade antagônica poderia existir. Ao destruir Le Chiffre, Bond havia de algum modo destruído a si mesmo, ou pelo menos a razão da sua existência. No entanto, Bond afirma que tivera o privilégio de ter sido capaz de "enxergar" a natureza maligna pelo que realmente era, e que ele emergira um homem melhor e mais virtuoso.

Le Chiffre tornou-se o gancho supremo no qual ele penduraria os diversos casacos dos seus futuros vilões, muitos dos quais também teriam nomes cifrados. O fato de que Fleming guardava esse entendimento mais profundo das forças da natureza humana (e efetivamente do próprio universo) para si mesmo, ou pelo menos o restringia ao âmbito de uns poucos muito selecionados, explica o motivo pelo qual outros biógrafos cruzaram apenas vagamente esse caminho, pois ele é aparentemente impossível de provar. E, no entanto, à medida que formamos a imagem de Ian Fleming e dos seus contatos e interesses no mundo do esoterismo, descobrimos que o homem encerra ainda outras coisas. O próprio fato de Fleming ter afirmado que criou *Casino Royale* a partir da sua inconsciência e que a obra era "uma experiência na autobiografia dos sonhos"[53] faz muitas revelações. Fleming sabia que tinha uma mente dividida, que se esforçara a vida inteira para corresponder aos falsos ideais que criou com a ajuda de uma mãe dominadora (M) e um irmão quase perfeito demais. Bond era agora o seu método de colocar no papel esses pensamentos, sonhos, desejos e pesadelos, e corrigi-los ao estilo junguiano.

"Acima de tudo ele gostava do fato de que tudo era culpa do próprio indivíduo. Este era o único a ser elogiado ou culpado."[54] O próprio Ian Fleming também era culpado, devido às dualidades da sua vida, e tinha consciência disso. Aceitar a responsabilidade pelas próprias ações e pensamentos era e sempre será o primeiro passo da escada em direção a coisas mais elevadas. Mas esse reconhecimento parecia se cruzar com o seu amor pela simetria, e produzir o caos. Ele projetou esse caos na natureza dos seus vilões. Dizem que ele sempre teve problemas com os seus vilões, assim como talvez também tenha tido dificuldades com as suas heroínas, e a razão é simples: a sua obsessão pela simetria, o equilíbrio dentro do livro. Em cada novo romance, ele colocava novas faces na mesma antiga base subjacente, uma nova máscara para o seu "Crowley" ideal.[55]

Esses vilões eram as partes reprimidas de Fleming, do lado sombrio que todos nós temos. Eram os aspectos demoníacos de nós mesmos, denominados *caos* por muitos ou *sombra* por Jung, mas aos quais é permitido, com demasiada freqüência, vagar livremente pelo mundo. Fleming carrega os seus vilões com a sua luta interior e exterior. Os elementos negativos da sua mente e a forma são colocados no homem mau, como se conduzindo a sua própria alma e, no entanto, também escondendo-a. Fleming envia James Bond, o seu herói alter ego, para combater a sua natureza sombria, a luz para dominar as trevas.

►◄

No funeral de Fleming, o seu amigo íntimo William Plomer, que provavelmente o conhecera melhor do que a maioria das pessoas, declarou que era possível que James Bond e as suas aventuras ficassem famosos devido ao seu realismo e detalhes, mas também por causa dos antigos mitos românticos dos contos de fadas, que eram a base dessas aventuras. Ele acrescentou que elas satisfaziam uma constante necessidade da espécie humana, a nossa necessidade milenar de escapar do tédio vendo a nós mesmos como o herói que mata o dragão, combatendo as forças diabólicas das trevas situadas dentro do nosso eu. Ao assumir essas naturezas sombrias nascidas de si mesmas, nós nos tornamos pessoas mais fortes.

Como são verdadeiras essas palavras, ditas por um dos amigos mais próximos de Fleming! Ou seja, que Fleming estava recriando aqueles mesmos antigos contos de fadas para satisfazer os nossos desejos interiores. O que estamos descobrindo na nossa busca através da vida desse autor peculiar é exatamente o que Plomer disse em seguida: "que a imagem popular dele é excessivamente grosseira e desinteressante".[56] Se alguém conhecia a verdade a respeito desse complexo escritor, esse alguém certamente era o seu amigo mais chegado.

Somos todos divididos, e somente unindo os dois elementos da nossa mente podemos superar o caos da loucura, que é o adversário de James Bond. Na qualidade de alquimista literário, Ian Fleming sabia que precisava ter as ferramentas do ofício, e como todo alquimista tentava transformar o metal não-nobre em ouro, Ian Fleming trocou a sua máquina de escrever comum de metal não-nobre por uma de ouro. E ele quis manter em segredo os seus motivos: "Não vou lhe dizer por que estou adquirindo esta máquina..."[57]

Na realidade, Fleming até mesmo sugeriu à dramaturga Enid Bagnold (autora de *National Velvet*) que ela deveria escrever uma peça a respeito do ouro oculto, na qual o tesouro não era ouro de verdade. Em uma carta que escreveu para Bagnold, Fleming declarou que um psicanalista certa vez lhe explicara detalhadamente que a caça ao tesouro era o exemplo perfeito da fraqueza de caráter que leva a pessoa a buscar atalhos para a felicidade, e que isso desviava a atenção da realidade da vida. A busca *genuína* do ouro *verdadeiro* possibilitaria que a pessoa desprezasse as autoridades e fizesse tudo do jeito que bem entendesse.[58]

Quanto à própria Enid Bagnold, ela sem dúvida tem certos vínculos dentro da célula esotérica de Ian Fleming (além do fato de que foi viciada em morfina, uma droga que abre a mente para estados alterados — durante sessenta anos). Ela foi corrompida no andar de cima do Café Royal (isso me dá a impressão de ser um romance de James Bond) por um tal de Frank Harris, editor, autor e jornalista que morou durante algum tempo com Aleister Crowley. Os elos nesse círculo oculto estão presentes, sendo, no entanto, deixados de fora nas biografias convencionais. A maior parte dessa célula da elite literária, por exemplo, estava envolvida no que era chamado de Bloomsbury Set, e não é preciso investigar muito para descobrir que os endereços fornecidos por ordens como a Ordem Templi Orientis, uma organização mágica e moderna dos templários, supervisionada durante um longo período pelo próprio Aleister Crowley, correspondiam aos do Bloomsbury Set.

Tanto Fleming quanto o seu editor e amigo, William Plomer, estavam envolvidos com esse grupo erudito, que teve início no século anterior como uma espécie de elite socialista, mas que estava freqüentemente relacionado com sociedades secretas e eventos arcanos, inclusive os da sociedade secreta conhecida como Cambridge Apostles (Apóstolos de Cambridge). Os membros desse grupo eram chamados de *apóstolos* porque ele começou com 12 membros, e têm sido acusados de muitas coisas, especialmente devido ao fato de que anjos ou ex-membros se tornaram pessoas poderosas em posições de grande autoridade. O grupo chamou a atenção do público em 1951, quando o Cambridge Spy Ring (Círculo de Espiões de Cambridge) foi exposto e descobriu-se que dois ex-membros estavam trabalhando para a KGB no núcleo do governo inglês. Na realidade, os notórios Guy Burgess (MI6[59]/KGB) e Anthony Blunt (MI5[60]/KGB) pertenciam aos Cambridge Apostles. Um amigo e colega de Fleming no serviço de inteligência, Donald McCormick (cujo cognome era Richard Deacon), na verdade escreveu um livro a respeito deles.

Na edição de 19 de janeiro de 1931 do *Morning Post*, a Bloomsbury Black Mass (Missa Negra de Bloomsbury) foi exposta ao mundo, bem como conexões em todo o país com outras reuniões de "Missa Negra".

Devido a vários equívocos mesclados com um grande número de verdades, essas reuniões de Missa Negra eram bem opostas às da Inglaterra Cristã que vemos nos filmes de propaganda em preto e branco do período.

A Ordem Rosa-Cruz

Outra ordem secreta com que Fleming freqüentemente se depararia era a Ordem Rosa-Cruz, e muitos historiadores apontam hoje para o Dr. John Dee como alguém que desempenhou um importante papel no estabelecimento da base desse movimento, independentemente do nome de solteira da mãe de Fleming ser St. Croix-Rose, e de o próprio Fleming ter tido contato com muitos membros da Ordem Rosa-Cruz por meio do Bloomsbury Set. Na verdade, muitos "localizaram a origem dessa seita nas... teorias de Paracelso e nos sonhos do Dr. Dee, que sem ter intenção, tornou-se o fundador efetivo, embora nunca reconhecido, da filosofia rosacruciana".[61]

A Ordem Rosa-Cruz contém muito mais lendas do que fatos. A documentação mais antiga registrada data do século 17 (embora organizações mais antigas devam ter existido), e pessoas como Cornélio Agripa (que esteve durante algum tempo a serviço de Henrique VIII), o Dr. John Dee, Paracelso e Francis Bacon são citados como instigadores da criação da ordem. Essa idéia faz totalmente sentido, porque além de Dee e Bacon estarem envolvidos no mundo do esoterismo (e, por conseguinte, do sigilo), eles também faziam parte do mundo do serviço secreto. Na época de Fleming, os nazistas acusaram o serviço secreto inglês de ainda sofrer uma forte influência da Fraternidade Rosa-Cruz. As "coincidências" rosacrucianas que cercam Ian Fleming parecem indicar algum tipo de afiliação — ou, no mínimo, um conhecimento mais profundo do grupo — e essas coincidências aumentarão à medida que avançarmos.

No início do século 17, formou-se uma fraternidade de sete pessoas chamada coletivamente de Rose-Croix. O número foi utilizado por ra-

Rosa Cruz ou Rosacruciana

zões esotéricas (exatamente como Fleming o usaria para Bond). A meta do grupo era levar a iluminação espiritual à humanidade — revelar o mundo interior e o "matrimônio químico" da Christian Rosenkreuz, que recebeu o nome em homenagem ao lendário fundador — a rosa e a cruz cristã. Conta a lenda que esse célebre peregrino passou algum tempo com vários mestres no Oriente Médio e depois voltou para a Europa para transmitir a sua sabedoria, que se evidencia em três manifestos no século 17. A lenda contém ligações islâmicas, e acredita-se que conceitos sufistas, bem como o pensamento gnóstico, estejam entretecidos, como sempre estão, nesses manifestos, na cabeça de ouro ou no olho de ouro.

A história oral transmitida diz que o movimento era na verdade a continuação de uma antiga e vasta tradição esotérica que abarcava apenas o gnosticismo hermético. Este último fora edificado pelos Magi ao longo dos séculos anteriores, e estava constantemente protegido contra a perda ou a destruição por meio dos vários métodos arcanos, em parte através da transmissão verbal de uma linhagem de líderes selecionados de forma iniciática por cada geração para dar continuidade à tradição sagrada.[62]

Eis o que os rosa-cruzes afirmaram em *Rosae Rubeae et Aureae Crucis:*

> Saibam que a Ordem da Rosa e da Cruz existe desde tempos imemoriais, e que os seus ritos místicos eram praticados e a sua sabedoria ensinada no Egito, em Elêusis, na ilha de Samotrácia, na Pérsia, na Caldéia, na Índia e em muitas outras terras antigas, tendo desse modo transmitido para a posteridade a Sabedoria Secreta das Antigas Eras. Inúmeros eram os seus Templos, e em muitas nações foram estabelecidos, embora ao longo do tempo alguns tenham perdido a pureza do seu conhecimento primitivo.

Os membros da fraternidade chamavam a si mesmos de "invisíveis", e dizem que o seu lendário fundador, Christian Rosenkreuz, redigiu o manual sobre magia intitulado simplesmente *M*, de *Magicon*. Essa magia girava em torno do magnetismo e do equilíbrio, tema a respeito do qual Fleming viria a colecionar um grande número de livros. Em 1908, Gustav Bord escreveu o seguinte, em *La Franc-Macionnerie en France*, com referência a esse tema oculto dos rosa-cruzes e do conhecimento de Paracelso: "A doutrina de Paracelso foi extraída da Cabala, da filosofia hermética e da alquimia. Ele afirmava conhecer e expor o sistema completo das forças Misteriosas que atuam na natureza e no homem (...) O homem precisa se unir às forças necessárias para produzir fenômenos físicos ou intelectuais. O universo era o Macrocosmo, o homem era o Microcosmo, e eles eram semelhantes..."

Parece peculiar, para o mundo exterior, que os serviços secretos e de inteligência estivessem tão estreitamente ligados ao mundo das ordens secretas e da magia, mas esse fato é uma constante. Gustav Bord nos diz mais tarde no seu livro: "Todas as épocas foram palco de seitas secretas que afirmavam entender as leis que regulam o Universo; algumas acreditavam que realmente possuíam o inefável segredo; outras, astuciosas, faziam dos seus mistérios um chamariz para o povo; sustentando assim dominar e conduzir esse segredo, elas pelo menos descobriram a maneira de utilizá-lo em proveito próprio".

O Dr. John Dee era um alicerce do movimento rosa-cruz, um exímio alquimista, matemático, astrólogo, colecionador de livros de qualidade e espião do governo. Fleming conheceu Dee e o mundo esotérico, e deu seguimento aos ensinamentos herméticos nos seus romances. Por intermédio dos seus grupos isolados, Fleming tinha contatos em vários universos diferentes, enxergando a verdade gnóstica através dessas várias organizações e entendendo as idéias delas. Quando compreendemos que a razão por trás da formação das sociedades secretas situa-se, com freqüência, na esfera do pensamento humano superior, e que os membros passam a acreditar que o restante da humanidade deve ter esse conhecimento, não é de causar surpresa que esses homens consigam ocupar posições de poder a fim de encetar a mudança. Os rosa-cruzes sempre foram um desses grupos, que afirmam possuir um conhecimento hermético ou esotérico que, para o bem da humanidade, eles precisam transmitir, infiltrando-se na base do poder. Isso funcionou na época de Dee, funcionou mais ou menos um século depois, com Adam Weishaupt e os famosos Illuminati, e parece ter funcionado novamente na época de Ian Fleming com o Bloomsbury Set e outros grupos, todos influenciados pelo despertar de uma nova era de pensamento esclarecido e de sociedades secretas.

Em um panfleto da década de 1930 de autoria do Dr. Wynn Westcott, o Mago Supremo da Societas Rosacruciana in Anglia[63], publicado por Watkins em Londres, temos a seguinte declaração:

As Lojas Rosacrucianas revividas no Continente da Europa são conduzidas com grande privacidade, e os seus membros não confessam abertamente a sua aceitação e afiliação. Vários centros estão ativos devido aos séculos anteriores de atividade (...) eles também ensinam e praticam os efeitos de cura da luz colorida e cultivam processos mentais que, segundo se acredita, induzem a iluminação espiritual e poderes ampliados dos sentidos humanos.

Nesses grupos, sempre havia um Mestre, designado como M. Em *The Masters*,[64] de autoria de Annie Besant (1912), lemos o seguinte:

Mestre é um termo empregado pela Teosofia para designar certos seres humanos que concluíram sua evolução humana e alcançaram a perfeição humana (...). Os que são designados M. (Morya) (...) foram Mestres que fundaram a Sociedade Teosófica, usando o Coronel Olcott e H. P. Blavatsky, ambos discípulos de M., para assentar os seus fundamentos (...) Blavatsky (...) conheceu M. às margens do lago Serpentine, quando visitou Londres em 1851.

Temos que nos perguntar exatamente por que M figura com tanta proeminência como o Mestre do nosso homem de luz, James Bond. E também temos que indagar se Fleming baseou os seus grupos sigilosos empenhados em dominar o mundo, a saber **SMERSH E SPECTRE**, em grupos como a Golden Dawn, a Ordem Rosa-Cruz e a maçonaria. Max Heindel, o ocultista, místico e astrólogo, declarou em 1911 no livro *Rosicrucian Cosmo-Conception:* "Desse modo, os antigos sistemas de governo paternalista estão mudando

Logotipo do serviço de inteligência britânico para o MI5

no mundo inteiro. As nações desse tipo estão ultrapassadas e estão, sem perceber, avançando em direção a uma fraternidade Universal em conformidade com o desígnio dos nossos líderes invisíveis, que são todavia poderosos ao moldar os eventos porque não ocupam oficialmente um lugar no conselho das nações."

Os rosa-cruzes até mesmo afirmavam ter tomado parte nas convenções políticas internacionais. A julgar pelos crescentes vínculos dentro do mundo de Fleming, bem como do seu conhecimento e métodos de sigilo, comecei rapidamente a cultivar a idéia de que ele estava envolvido em muito mais coisas do que apenas o serviço secreto. Na realidade, até mesmo o MI5 tem um logotipo que contém a pirâmide e o olho onividente.

▶◀

Uma das pessoas que Fleming conhecia no mundo do esoterismo, e que lhe transmitiu muito conhecimento, foi Geoffrey Watkins, que mais tarde fundou uma editora. De acordo com o website do editor, que apresenta um breve relato da empresa (que por duas vezes publicou livros meus):

> Quando criança, Geoffrey conheceu muitas das principais figuras do ocultismo da época; MacGregor Mathers, W. B. Yeats, George Russell e Aleister Crowley visitaram a empresa, e A. E. Waite foi um amigo vitalício de Geoffrey Watkins, bem como outros autores ocultistas também o foram. Ele passou o período escolar em Heidelberg, e quando voltou para a Inglaterra falava fluentemente o alemão. Pretendia cursar a faculdade de direito, mas o tumulto na Europa que resultou na Primeira Guerra Mundial o impeliu para o serviço ativo. Ele passou a fazer parte do Serviço de Inteligência Militar Britânico em 1914 e foi "mantido ocupado nessa área" até 1919. É até mesmo possível que ele tenha colaborado com o astucioso Crowley nas suas hilárias incumbências de propaganda antigermânica do Ministério da Marinha Real Britânica, um pouco mais à frente.

As nuvens de tempestade que se acumulavam e prenunciavam uma nova guerra haviam assumido uma feição bem mais sombria no final dos anos 30, e Geoffrey foi rapidamente chamado de volta em 1939, para o mundo secreto das operações do serviço de inteligência.

Conversei com um dos editores da Watkins, segundo o qual Geoffrey tinha, de fato, se envolvido na produção de mapas astrológicos para Churchill, e era extremamente provável que tivesse ajudado Ian Fleming no logro que iriam tramar para Rudolf Hess. Tudo indica que Ian Fleming tenha sido muito mais do que um escritor comum; ele esteve envolvido com algumas das pessoas mais admiráveis e brilhantes dos grupos das ciências ocultas da Grã-Bretanha, pessoas que estavam influenciando os mais elevados níveis do governo tanto na Grã-Bretanha quanto na Alemanha.

Outro conhecido de Fleming era Sefton Delmer, jornalista que ele conheceu em 1939, quando estava em uma missão secreta cujo objetivo era espionar os russos. Eles se tornaram amigos, e logo o conhecimento de Delmer das ciências ocultas se tornaria útil, pois ele ajudou a montar uma estação de rádio para a "propaganda negra".[65] "Entre as mais bizarras intenções, no dia 9 de março de 1942, Delmer anunciou que desejava que uma estação 'Oculta', a G6, começasse a funcionar no final da semana (...) Quanto aos resultados totais dos radiodifusores, o empreendimento global só entrou realmente em vigor sob a direção de Sefton Delmer, no centro de transmissão especialmente construído para esse fim em Milton Bryan, a partir de 1943."[66]

Na realidade, foi Ian Fleming que solicitou ao serviço de inteligência naval que Sefton Delmer fosse o homem por trás dessa poderosa ferramenta de propaganda. Delmer tinha a extraordinária capacidade de se identificar com a mente alemã, pois nascera em Berlim, sendo filho de um australiano que era professor de inglês na Universidade de Berlim. Em 1917, a família fora repatriada para a Inglaterra e Delmer diplomou-se em Oxford, voltando posteriormente para Berlim como correspondente do *Daily Express*. Durante o período que passou na Alemanha,

Delmer de fato conheceu pessoalmente os membros mais graduados da elite nazista, entre eles Hitler, Goebbels, Himmler e Hess.

Em 1940, Delmer compreendeu que precisava fazer alguma coisa para ajudar a causa inglesa, mas, como pesava mais de cem quilos, estava excessivamente fora de forma para ingressar no combate ativo. Procurou então Ian Fleming, pois sabia que ele tinha ligações com o serviço de inteligência naval. No início, os recrutadores se mostraram desconfiados com esse ex-alemão repatriado e associado aos nazistas, e o consideraram um possível agente duplo nazista. Com o tempo, contudo, ele foi aceito e logo em seguida encarregado de uma estação de rádio clandestina, que transmitia notícias para a Alemanha como se fosse uma estação alemã.

O serviço de inteligência naval (mas mais especificamente, Ian Fleming) rapidamente percebeu o potencial da propaganda negra, e logo, com a ajuda de Delmer, transformou-a numa máquina inteligente e poderosa — algo que só poderiam ter feito com um conhecimento e contato ocultos. Em 1942, Delmer estava usando as ciências ocultas como uma arma apontada para a elite do partido nazista, que ele conhecia muito bem. Ao mesmo tempo, Ian Fleming estava mantendo contatos dentro do mundo do ocultismo, como Dennis Wheatley (que trabalhou para a London Controlling Section (Seção de Controle de Londres), arquitetando projetos de simulação e embuste) e Louis de Wohl (que trabalhava como astrólogo para o serviço de inteligência naval para traçar os movimentos de Hitler e informá-los com antecedência ao serviço de inteligência naval).

Ludwig Von Wohl-Musciny, ou Louis de Wohl, era um astrólogo húngaro que liderava o "grupo negro", o grupo britânico de astrólogos usado pelo Department of Psychological Warfare (Departamento de Guerra Psicológica), que estava intricadamente ligado à repartição de Fleming. De Wohl foi escolhido para o cargo devido ao seu conhecimento das técnicas de Karl Ernst Krafft, o astrólogo nazista. A sua função, bem como a dos seus subordinados, era usar a astrologia para antever a orientação que a elite alemã estava recebendo dos seus astrólogos. Mas acontece que de Wohl havia exagerado um pouco os seus talentos, e o Serviço Secreto logo descobriu esse fato e o demitiu. No entanto, ele ajudou o esforço de guerra e produziu propaganda antinazista baseada em previsões astrológicas e na obra de Nostradamus, o vidente do século 16.

À medida que vamos descobrindo um número cada vez maior de ligações no mundo oculto, descobrimos que a rede de contatos de Fleming era na verdade bastante ampla. Todos os elementos das ciências ocultas são descobertos nas influências que a alquimia, o pensamento gnóstico, a astrologia e a numerologia exerciam sobre Fleming, porque todos eram uma parte integrante do mesmo "conhecimento secreto". Também estamos encontrando alguns vínculos interrompidos — os contornos indefinidos e irregulares dos segmentos da história antes conectados. Em algum ponto os segmentos se romperam, e embora grande parte da culpa possa ser atribuída aos serviços secretos voltados para a segurança do reino, Fleming pode ser igualmente culpado por ter ocultado o seu papel. O fato que Ian Fleming mantinha partes da sua vida não apenas separadas umas das outras, mas com freqüência totalmente em segredo, ou que as aniquilava completamente, era um tema comum na vida dele e algo que todos os biógrafos acabam descobrindo.

Capítulo 7

Religião, Filosofia e Televisão

Ian Fleming descrevia as suas histórias como "contos de fadas para adultos".[67] A questão é: estaria Fleming insinuando, nesse caso, que conhecia o fato de que os contos de fadas tradicionais encerram uma sabedoria mais profunda para nós? Os contos de fadas significam literalmente o que o seu nome diz: contos de fadas, pessoas sábias de outrora que se escondiam para escapar dos pecados da idade moderna.

As duas biografias ortodoxas de Ian Fleming, a de Andrew Lycett e a de John Pearson, praticamente nada falam a respeito das convicções religiosas ou espirituais de Fleming. Algumas ocorrências o revelam como tendo estado próximo do catolicismo (ou pelo menos do elemento místico envolvido), mas nada é dito a respeito de uma crença. Como o modelo de James Bond foi um aspecto de Ian Fleming que ele desejava personificar com mais intensidade, devemos encontrar as convicções de Fleming escondidas dentro do personagem. Por sorte, não precisamos investigar o assunto porque o próprio Fleming salientou esse fato. Ele disse que o mundo de Bond era maniqueísta. Algumas pessoas interpretaram essa declaração como uma indicação de que o mundo de Bond refletia o mundo geopolítico da época, com o Oriente contra o Ocidente, o que pode ser verdade. Mas de posse do conhecimento de que Ian Fleming quis dizer muito mais do que isso quando mencionou que Bond era maniqueísta, temos que pesquisar mais profundamente.

Mani

O nome *Mani* deriva do profeta persa Mani (210-276 d.C.). Embora poucos dos seus textos ainda possam ser encontrados, o seu legado continua. Na verdade, o nome não é verdadeiro; é apenas um título assumido pelo fundador. Muitos estudiosos acreditam que Santo Agostinho tenha transferido os pensamentos maniqueístas para o cristianismo, pois ele próprio convertera-se ao credo maniqueísta. Essa nova doutrina se espalhou por toda parte, no século 3, a partir da província persa da Babilônia, chegando a alcançar a China e o norte da África. Ao longo de dez séculos, anjos e divindades originais se adaptaram e mudaram de acordo com o local, mas o centro de origem, ou o Pai de Luz, permaneceu praticamente o mesmo, como o "homem original".

O apelo à humanidade era que ela saísse das trevas e avançasse para a luz do homem original, sendo, portanto, dualista. Na realidade, hoje podemos perceber claramente o que Fleming quis dizer quando chamou Bond de maniqueísta, pois Bond é de fato o homem de luz oriundo das trevas do próprio Fleming, retratadas no papel como o vilão.

Mani afirmava ter recebido, quando criança, uma revelação de um guia espiritual que ele chamava de "o gêmeo". Esse espírito transmitiu-lhe verdades divinas, as quais ele escreveu e ensinou aos outros. Esse gêmeo ou eu verdadeiro possibilitou que Mani se auto-realizasse. Isso é conhecido como *gnóstico* ou *gnose* — o conhecimento das verdades divinas. Assim sendo, o credo maniqueísta, como é descrito por Ian Fleming, é a gnose. É a experiência mística do Divino no Eu, e esse verdadeiro

Eu é o homem de luz original. Se Fleming está nos dizendo que James Bond é maniqueísta, estará ele, então, o retratando como um homem de luz gnóstico? Bond é na realidade o gêmeo literário de Fleming.

Os discípulos de Mani se espalharam pela Palestina, Grécia, Itália, Gália, Cítia, Danúbio e África. A sua doutrina foi propagada durante séculos pela tradição oral, com freqüência com nomes diferentes, como cátaros, albigenses, templários e os Irmãos de São João de Jerusalém. A cristandade esotérica do século 15, inspirada pela mesma tradição, tornou-se mais laica e científica sob a influência da cabala e da alquimia, e foi mais ou menos nessa época que Christian Rosenkreutz fundou a Ordem Rosa-Cruz.[68]

Parece que James Bond era capaz de rastrear o curso da sua linhagem por um longo tempo no passado; a questão é: o seu nome também revela algo dessa influência maniqueísta que Fleming afirmou existir?

James Bond — o nome

O Tiago bíblico é irmão de Jesus, e tem sido igualado a Tomé (Didymus, que significa "gêmeo"), mas a etimologia de Tiago revela que ele é outra forma de Jacó, que significa "suplantador". Assim, esse gêmeo suplanta outro, e esse outro é Ian Fleming. Dessa maneira, Tiago é um gêmeo literário que suplanta o verdadeiro Ian Fleming.

Jacó, na Bíblia, nasceu agarrando o calcanhar do irmão Esaú e, mais tarde, comprou o direito de primogenitura dele. Esse nome encerra uma sutileza que só é revelada quando entendemos os conceitos maniqueístas (revelação do espírito gêmeo) e gnósticos de Fleming. Este último deve ter rido da engenhosidade dessa etimologia, pois ele também nasceu praticamente agarrando o calcanhar do irmão mais velho. Não existe absolutamente nenhuma razão para Fleming ter revelado essa engenhosa utilização de nomes, de modo que, do seu jeito habitual, ele ofereceria razões "comuns" e "simples" para o emprego de nomes "enfadonhos". No mínimo, Ian Fleming era competente em zombar do seu público.

Representação do século 18 de Joaquim e Boaz

Por outro lado, o sobrenome Bond significa "amarrar". É uma forma de contrato ou testamento, e James Bond é o novo testamento ou homem de luz, o salvador maniqueísta. O significado das palavras encerra quase um ciúme sutil, uma espécie de gêmeo no papel que Ian Fleming desejava ser. O maniqueísmo era um sistema de dualismo intransigente; um conflito entre a luz e as trevas, o bem e o mal. As trevas buscavam amarrar os homens, e a luz, libertá-los; a luz era o salvador supremo, o bom irmão.

Boaz e Joaquim

Mas o gêmeo também é revelado nas próprias iniciais, freqüentemente vistas nas pastas de documentos, armas e todos os tipos de engenhocas usadas por Bond. Na maçonaria, os pilares gêmeos são Joaquim e Boaz, ou J e B, e têm sido retratados no mundo inteiro durante centenas de anos nas lojas, nas ilustrações artísticas e nos textos. Esses pilares representam os conceitos gêmeos do equilíbrio, e precisamos caminhar entre os pilares no estado neutro e perfeitamente equilibrado para poder alcançar o lugar sagrado no templo interior — onde reside o nosso verdadeiro eu. Considerando as suas ligações com o conhecimento maçônico, Fleming devia ter conhecimento desse inteligente recurso.

João Calvino

Fleming também disse que James Bond foi educado em uma escola calvinista. Essa seita protestante, que recebeu esse nome em homenagem ao seu fundador, João Calvino, ensinava que a humanidade estava decaída e, portanto, moral e espiritualmente incapaz de seguir Deus ou até mesmo escapar da própria condenação, se essa fosse a decisão de Deus. Por conseguinte, não há nada que possamos fazer para entrar no céu; tudo depende da vontade de Deus. A pessoa precisa acreditar no evangelho e admitir a sua fé antes que Deus possa decidir, mas essa admissão de modo nenhum garante as chaves dos Portões do Céu. A interpretação de Fleming do credo calvinista é clara, e o motivo pelo qual ele escolheu essa formação para James Bond é óbvio, pois ela lhe conferia o âmbito de ser amoral e ao mesmo tempo dedicado ao dever de salvar o mundo. Analogamente à doutrina calvinista, Bond é um escravo da incumbência que recebe, e odeia a indolência e a preguiça.

A morte dos seus adversários quase sempre não é problema, porque o próprio Deus já escolheu, de acordo com a predestinação calvinista, quem irá entrar no céu. Bond era essencialmente o homem de luz de Deus na Terra, estando aqui para distribuir a morte e pôr em ordem as trevas.

A Serpente

De acordo com a verdadeira forma gnóstica, devemos ter uma serpente ou dragão envolvido de muitas maneiras na história, e devemos ter uma união ou infusão da sabedoria da serpente no caráter de Bond. Os primeiros gnósticos eram freqüentemente chamados de *ophites*, ou adoradores da serpente, e sustentavam que Cristo era a serpente boa. Bond é o matador de dragões, o que controla o poder da natureza sombria. A imagística da serpente e do dragão do nosso passado religioso e místico é ao mesmo tempo boa e má, positiva e negativa. Dominar a poderosa serpente ou dragão significava esmagar o aspecto ardente da nossa natureza com a verdade e a sabedoria — os elementos da Sofia. A famosa nêmese de Bond, o Dr. No, era equiparado à serpente pelo próprio espião: "A figura bizarra, escorregadia, parecia um verme gigante venenoso, embrulhado em papel-alumínio, e Bond não teria ficado surpreso se visse o restante dele se arrastar viscosamente pelo tapete."[69]

É claro que o verme é um inseto pequeno e serpeante e não uma cobra, mas a origem e a etimologia da palavra mostram que ele efetivamente deriva de *orm*, que significa "serpente",[70] e era de fato encarado como uma pequena cobra. O Dr. No estava longe de estar sendo comparado com um pequeno verme; estava sendo equiparado a uma grande serpente deslizante. Bond iria dominar a sua natureza sombria, a serpente ou dragão negativo, como o fazem todos os bons matadores de dragões: derrotando a natureza sombria e reunindo-se com o seu princípio feminino, a Bond girl. Esse era o casamento secreto, e Bond na realidade se casou, fato pouco conhecido.

O nome dela era Teresa (Tracy) di Vincenzo. A etimologia do nome é esclarecedora: como Bond era o homem de luz maniqueísta, *Teresa* na verdade significa "verão". E Vincenzo era o nome de um famoso alquimista, Vincenzo Cascariolo, de Bolonha, Itália, cuja paixão era descobrir a Pedra Filosofal. Em vez disso, Cascariolo descobriu o sulfato de bário, conhecido como *lapis solaris* — a pedra do sol.

Teresa era filha de Marc-Ange Draco e professora de inglês residente. Devido ao seu casamento com o Conde Guido di Vincenzo, o seu sobrenome foi habilmente ocultado. Ela teve um filho com o conde, mas a criança morreu depois do divórcio, e Teresa tornou-se uma pessoa autodestrutiva. Ela foi resgatada por James Bond e eles se casaram, unindo as duas luzes, mas Blofeld, a nêmese de Bond, atirou em Teresa e a matou. Bond obtém a sua vingança e equilibra o desequilíbrio maniqueísta matando Irma Bunt, amante de Blofeld, e depois o próprio Blofeld.

A mãe de James Bond morreu em um acidente durante uma escalada nas Aiguilles Rouges, na Suíça. O seu nome era Monique Delacroix. Desmembrando o nome temos Monique, que é a versão francesa de Mônica e deriva da palavra italiana *monacco,* que quer dizer "monge" (solitário), que por sua vez deriva da palavra grega *mono.* Assim sendo, ela era uma dama muito singular. O seu sobrenome, na verdade, nos oferece vários vislumbres: em 1927, o ano em que Fleming desistiu de Eton como uma causa perdida, Walter Benjamin (1892-1940) começou uma pesquisa a respeito da utilização de drogas psicotrópicas intitulada *Protocols to the Experiments on Hashish, Opium and Mescaline.*[71] Nesse estudo exclusivo, Benjamin explica os efeitos da sua segunda experiência com haxixe em 1928:

> A lembrança é menos vívida, embora o devaneio tenha sido menos intenso em comparação com a primeira vez. Para ser preciso, não fiquei tão perdido em pensamentos, mas profundamente introspectivo. Além disso, a passagem sombria, estranha e exótica da inebriação assedia mais a recordação do que as luminosas.
>
> Lembro-me de uma fase satânica. O vermelho das paredes tornou-se para mim o fator determinante. O meu sorriso adquiriu características satânicas, embora ele assumisse mais a expressão do conhecimento,

da satisfação e da compostura satânicos do que a do efeito satânico destrutivo. A sensação de que as pessoas presentes na sala estavam submersas se intensificou: o aposento tornou-se mais aveludado, fulgurante e escuro. Eu o chamei de Delacroix.

Ian Fleming tinha conhecimento do trabalho de Benjamin, e este último certamente escreveu a respeito do trabalho de Fleming. Na verdade, ambos estavam falando sobre ícones e criando-os para a sociedade. Poderia Fleming ter pego um dos ícones de Benjamin — a sua experiência sombria, mística, induzida pela droga — e forjado a partir dele a mãe monacal? Seria ela a sua mãe de verdade externando-se através da de Bond? Uma maneira sutil de ele expressar as suas idéias mais íntimas a respeito da sua própria orientadora materna? Como comentou Andrew Lycett na sua biografia de Ian Fleming, ela era, com bastante freqüência, um pouco mais do que "dominadora".

Como se sabe, Fleming era famoso por usar a etimologia ou o jogo de palavras no nome dos seus personagens, e aqui, no caso de Monique Delacroix, temos "a monja da cruz", aquela que deseja ficar "sozinha com a cruz". Ela morreu nas cadeias montanhosas vermelhas das Aiguilles Rouges (agulha, vermelho, incandescente).

Coleções

Ian Fleming colecionava livros e artigos tanto para os seus interesses pessoais quanto para pesquisas. Muitos deles estão hoje na Biblioteca Lilly na Indiana University. Um exame dessa coleção nos proporciona um vislumbre da mente de Fleming e dos seus interesses mais profundos.

Ele certamente parecia alimentar um profundo interesse pelo agnosticismo e pelas respostas religiosas, pois ele colecionava "Agnosticism", de T. H. Huxley (excerto de *The Nineteenth Century*, vol. 25, no. 144, pp. 169-194, fevereiro de 1889), bem como todas as diversas respostas ao artigo da parte de teólogos e estudiosos. Esse fato não causa surpresa, já que Fleming tinha problemas com as suas convicções religiosas.

Outro interessante artigo filosófico e positivamente alquímico foi "Theory of the earth; or an investigation of the laws observable in the composition, dissolution, and restauration of land upon the globe",[72] de autoria de James Hutton (artigo no. 10, excerto de *Philosophical Transactions*, 209-304, lido em 7 de março e 4 de abril de 1785, diário datado de 1785), bem como "On a new fulminating mercury",[73] de autoria de Edward Howard, Esq. (artigo no. 11, excerto de *Philosophical Transactions*, 204-238, lido em 13 de março de 1800, periódico datado de 1800). Na verdade, a coleção de artigos sobre química de Fleming dá claramente a impressão de que ele estava tentando descobrir o segredo da transformação do chumbo em ouro. Esses artigos também estão fortemente relacionados com a obra moderna dos rosa-cruzes, que lidava com o mundo da química e da alquimia modernas.

Vários livros da coleção de Fleming são interessantes. Um deles é o *Principes du droit politique* de Jean-Jacques Rousseau (Amsterdam, 1762). O texto do catálogo da Biblioteca Lilly descreve o parágrafo a seguir de Rousseau (1712-1778) como se estivesse fundamentalmente em conflito com as convicções do sistema governante: "Na Idade da Razão, ele defendia o maior poder da intuição: contra o refinamento artificial, ele recomendava com insistência um retorno ao estado natural. Assim, desafiando a monarquia absoluta da França, ele publicou a sua exposição do contrato social, nunca com mais clareza ou expresso com mais vigor, que o governo depende do mandato do povo. Isso exerceu uma profunda influência no pensamento político da França, tendo sido talvez mais diretamente a causa da Revolução do que qualquer outro fator isolado".

Outro título interessante foi *Essai sur L'Inégalité des Races Humaines*, de autoria de Joseph-Arthur Comte de Gobineau (Paris, 1853-1855). Foi Gobineau que disse que a raça era permanente e imutável, proclamando que a raça ariana ou nórdica era a elite e deveria dominar o mundo. Os nazistas se apossaram dessa afirmação e a usaram para os seus próprios fins. É interessante constatar que Fleming possuía esse texto, levando-se em conta as suas tendências alemãs da juventude. Além disso, as suas ligações com as ordens Golden Dawn e Rosa-Cruz deixam entrever muitas coisas.

Fleming possuía vários livros sobre a vanguarda da psicologia, entre eles *Die Traumdeutung*, de Sigmund Freud (Leipzig e Viena, 1900), que foi a obra mais importante de Freud sobre conceitos psicanalíticos, a natureza erótica dos sonhos e a teoria do eu inconsciente. Outro acréscimo interessante, considerando-se o conhecimento de Fleming a respeito da inconsciência e do sono, foi *Neurypnology, or the Rationale of Nervous Sleep, Considered in Relation With Animal Magnetism. Illustrated by Numerous Cases of its Successful Applications in the Cure of Disease*, da autoria de James Braid (Londres, 1843). A Biblioteca Lilly comenta que o autor introduziu o termo *hipnotismo* e demonstrou que este poderia ser auto-induzido fixando-se o olhar sobre objetos inanimados. A concentração mental provou que a natureza subjetiva ou pessoal do ato era fundamental, e não necessariamente influências externas como o mesmerismo. Dizem que isso ocasionou uma violenta oposição da parte dos seguidores de Mesmer, entre eles Edgar Allan Poe, o qual exerceu uma profunda influência em Fleming.

Curiosamente, a biblioteca possui a cópia pessoal de Fleming de *Casino Royale*, com uma inscrição na folha de guarda escrita à mão por Fleming, descrevendo a sua própria confusão com relação ao casamento e ao afeto: "Isto foi escrito em janeiro e fevereiro de 1952, aceito por Cape [o editor] na primavera e publicado um ano depois".

Fleming salienta que o livro foi escrito como um foco para afastar a sua mente de outros assuntos em Goldeneye, e que os personagens eram fictícios. Ele declara que esses "outros assuntos em Goldeneye" envolviam seu casamento: "Casamento, uma descrição arrepiante; mas reveladora da capacidade de afeto, de amor e de relações humanas do autor. I F, 12 de junho de 1963".

É interessante observar que, embora Fleming tenha afirmado com freqüência que os seus personagens eram baseados em pessoas reais, neste caso ele novamente se contradiz e declara que não eram. Ele também parece estar surpreso com a sua capacidade pessoal para o amor e as "relações humanas".

The Prisoner

Nos anos cinqüenta e sessenta, os romances e filmes de espionagem irromperam na cultura popular, ali permanecendo durante décadas. Algumas pessoas atribuíram esse fato à Guerra Fria, mas independentemente do motivo, a época foi propícia para Ian Fleming, pois, de repente, os romances agora incrivelmente populares de James Bond começaram a ser muito procurados pelos estúdios de cinema. Quando esses e outros filmes de espionagem se tornaram grandes sucessos da noite para o dia, os produtores de televisão aproveitaram o embalo e começaram a produzir séries de espionagem. Uma das mais populares foi *Dangerman/Secret Agent*, estrelado por Patrick McGoohan como John Drake (dragão). No entanto, quando a série chegou ao fim, McGoohan e George Markstein decidiram produzir outra, que se chamou *The Prisoner*.[74] A série apresenta a estranha vida de um agente super-secreto (interpretado por McGoohan), que renuncia ao cargo por razões nunca reveladas. Ele então vai para casa e começa a arrumar a mala. A casa onde ele mora é então atacada com gás tóxico e ele acorda, horas mais tarde, no que parece ser o mesmo lugar. Na realidade, essa nova casa é uma reprodução do seu apartamento em Londres e, do lado de fora, ele encontra um lugarejo peculiar, repleto de prisioneiros semelhantes. Trata-se de uma experiência sobrenatural, à qual ele tem acesso em sonho. Ela está de fato conduzindo Dangerman/McGoohan para dentro de si mesmo, para purgá-lo de tudo o que está errado na sua vida. É um processo nitidamente alquímico, pelo qual o próprio Bond passa em cada livro e, na realidade, até certo ponto, em cada filme. A redução e a recriação é o impulso constante do alquimista.

O nome do Prisioneiro nunca nos é revelado; conhecemos apenas o seu número: 6. Todos os outros "residentes" também têm números, sendo que o chefe, que muda a cada episódio, é o Número 2. Nunca chegamos efetivamente a ver quem é o Número 1. Durante toda a breve série, cada Número 2 tenta descobrir algum segredo e conhecimento secreto dentro da mente de McGoohan, mas nada consegue. O Número 6 se empenha firmemente em frustrar essas tentativas, e escapa. Trata-se de um fantástico exemplo de luta psicológica, que atraiu a atenção de centenas de diferentes pontos de vista. No final, o Número 6 escapa com cada um dos personagens Número 2, que são elementos de si mesmo que ele não pode deixar para trás. Ele está na verdade lutando consigo mesmo o tempo todo durante a série. Podemos constatar isso na declaração de abertura de cada episódio: o Número 6 pergunta ao Número 2: "Quem é o Número 1?", ao que o Número 2 responde: "É você, Número 6".

O autor em Portmeirion

McGoohan, que produziu o programa, escreveu grande parte do conteúdo e até mesmo dirigiu muitos dos episódios com vários pseudônimos, tem religiosamente se recusado a explicar o exato significado por trás dos vários elementos da série. Não obstante, existem semelhanças entre *The Prisoner* e os livros de James Bond que revelam que McGoohan e outros estavam parodiando Bond. Na realidade, no final da série *Dangerman*, os produtores pediram a McGoohan que interpretasse Bond, mas ele se recusou, alegando que não poderia se associar com uma das pessoas da equipe. É difícil dizer quem era essa pessoa, já que vários atores são encontrados em ambos os lados do grupo, tanto em *The Prisoner* quanto nos filmes de Bond. O episódio "The Girl Who Was Death",[75] do *Prisoner* apresenta muitas semelhanças com os filmes de James Bond: um engraxate tem um telefone embutido no seu kit de trabalho, e os comentários sarcásticos são muito "bondianos". Os episódios contêm dezenas de semelhanças, e McGoohan nunca negou a afirmação de que o Número 6 era uma paródia de Bond, especialmente porque o próprio *Dangerman* era uma cópia de Bond e até mesmo ostentava um personagem Q, que distribuía engenhocas.

A série contém muitas declarações sociais e psicológicas que exploram as necessidades do indivíduo, em contraste com o estado no qual ele vive. Em uma entrevista realizada em 1982, Patrick McGoohan declarou: "Ela dizia respeito ao ser humano mais malévolo, a essência humana, o que nós somos. Está dentro de cada um de nós. É a coisa mais perigosa do mundo, o que está dentro de nós. Desse modo, por conseguinte, esse é o Número 1 que eu criei — a própria pessoa — uma imagem de si mesmo que ele estava tentando derrotar.[76]

McGoohan está destacando aqui que a natureza sombria do homem precisa ser dominada, que ela é extremamente perigosa, como a história o demonstrou. Essa escuridão é o nosso lado da sombra que precisa ser constantemente combatido. Simbolicamente, McGoohan desejava que a série tivesse apenas 7 episódios, mas chegou a um acordo com o estúdio de televisão, que desejava 26. Essa batalha que McGooham estava personificando era antiqüíssima, a luta pelo indivíduo e pela liberdade contra a opressão da humanidade. Constantemente nos dizem que a realidade que conhecemos pode não ser muito verdadeira, e que ela é na verdade uma série de conceitos da sociedade como um todo, formulados a partir do interior da mente do homem. O Número 6 enfrenta repetidamente essa série desconcertante de avaliações da realidade a fim de conhecer a si mesmo e manter a sua liberdade mental e espiritual, embora o seu corpo pudesse estar aprisionado. É uma boa lição para todos nós, pois a sociedade, criada pelo homem, nos colocaria a todos em correntes psicológicas se permitíssemos. Dos ciclos de débito e crédito que nos mantêm correndo cegamente na roda do trabalho, ao logro religioso e sociopolítico com o qual somos continuamente bombardeados.

Sejam bons, nos dizem, e depois enganem todas as outras pessoas para obter o que vocês querem. *The Prisoner* representa a preservação de um sentimento de equilíbrio e autoconsciência nesse bombardeio de abuso mental.

Basicamente, à semelhança de James Bond, *The Prisoner* apresenta um antigo conto de fadas em um formato moderno. Essa é a verdadeira razão da longevidade das histórias como as que cercam o Santo Graal, Robin e Marion, James Bond e o Número 6; elas representam uma coisa que todos reconhecemos, quer consciente, quer subconscientemente. O lugarejo no qual o Número 6 foi aprisionado era o mundo fantasioso em que todos vivemos, tão real quanto qualquer coisa em que acreditemos. No episódio "The Chimes of Big Ben",[77] o Número 6 escapa e consegue voltar a Londres, onde pergunta: "Arrisquei a vida (...) para voltar para cá, para casa, porque achei que era diferente (...) É diferente, não é? Não é diferente?"

Na verdade, onde quer que estejamos, levamos a nossa mente conosco, e é dentro dela que lutamos; o mundo que nos cerca, como declarou o próprio McGoohan, é um mito. O esquivo Número 1 era na verdade o Número 6, ele era a Unidade, ele lutava contra si mesmo. E como se sabe, 1 mais 6 é igual a 7. E até mesmo o carro do Número 6 era um Lotus Seven*, com a placa KAR 120C, cujo significado ninguém conhece (*kar* na etimologia significa "duro", e 120C poderia ser 120 côvados, representando a altura do Templo de Jerusalém — o símbolo do homem perfeito*).

De acordo com John W. Whitegead, o ponto forte em *The Prisoner,* bem como a sua importância, residia na fé de Patrick McGoohan na dignidade e no valor da humanidade:

> Essa diminuta centelha de divindade, que foi embutida na nossa consciência, nos permite reconhecer de tempos em tempos a superficialidade do mundo que nos cerca. É verdade que somos todos numerados. Estamos rodeados pela polícia, por vizinhos que nos observam e nos denunciam, por câmeras e uma tecnologia onipresente, mas podemos nos obrigar a combater a tirania da submissão e expressar a nossa indi-

vidualidade. E embora sejamos todos prisioneiros, podemos enfrentar a opressão e gritar: "Não sou um número, sou um homem livre!"[78]

The Prisoner contém os seus códigos simbólicos particulares, exatamente como acontece nos romances de James Bond. A bicicleta de Penny Farthing, vista em todos os episódios como um logotipo do Lugarejo, representava a continuação do progresso, como declarou McGoohan. O tema do guarda-chuva que não era nem preto nem branco representava o estado neutro no qual precisamos estar para superar o desequilíbrio dos estados mentais positivos e negativos.

Devido à época em que foi criada, a série *The Prisoner* não poderia ter influenciado Fleming e a sua obra, mas os temas de James Bond certamente influenciaram Patrick McGoohan. Existe também um outro vínculo sutil entre Ian Fleming e a série *cult The Prisoner*: Fleming morou durante algum tempo no apartamento 22B da Ebury Street (como também o fez a nêmese de Bond Hugo Drax em *Moonraker*), que é parte do Pimlico Literary Institute e fica ao lado do estúdio de Clough Williams-Ellis, o homem que iria criar e construir o incrível "lugarejo" em Portmeirion em Gales, visto como o cenário para *The Prisoner*. Williams-Ellis freqüentou o Trinity College em Cambridge, a mesma faculdade cursada por John Dee e, como se sabe, pelo famoso Aleister Crowley.

O prédio situado no número 22B da Ebury Street era como uma capela, ou residência de religiosos, e Fleming pediu à sua amiga alemã Rosie Reiss que o dotasse de um efeito que seria chamado de Renascença Judaica, sombrio e intimidante. Em uma medida peculiar, Fleming sugeriu que as palavras do poeta alemão Novalis fossem estampadas nas paredes: "Wir sind im Begriff zu erwachen, Wenn wir traumen, dass wirr traumen". Ninguém fez nenhum comentário a respeito do motivo pelo qual ele desejou ter essa estranha declaração, que quer dizer "Estamos prestes a acordar quando sonhamos que estamos sonhando", na parede do seu apartamento, embora eu diria que se trata de uma declaração bastante ao estilo do Número 6. Não é uma declaração clássica. Ela não transmite um sentimento óbvio de importância, a não ser que estejamos a par das sutilezas do estado de sonho e do estado desperto menciona-dos e admirados pelas sociedades secretas e pelos luminares gnósticos. Seria possível que o apartamento 22B tenha sido para Ian Fleming um retiro religioso criado no seu estilo exclusivo? Teria ele conhecimento do estado hipnagógico (o estado entre a consciência e a inconsciência, considerado com o acesso ao sobrenatural)? As evidências indicam que ele tinha e, mais do que isso, sugerem que ele o experimentou, assim como Walter Benjamin o fizera.

Fleming revela que estava bastante cônscio de que entrar em contato com o seu estado inconsciente pessoal era vantajoso para a sua produção literária. Parece que o fato de Ian Fleming ter conseguido ter acesso ao seu inconsciente conduziu ao sucesso de *Casino Royale*, colocando a obra em uma categoria exclusiva no mundo dos romances de espionagem. John Pearson, que escreveu *The Life of Ian Fleming*, afirma claramente que *Casino Royale* foi uma autobiografia de sonhos — dos sonhos e do mundo inconsciente de Ian Fleming. Trata-se na verdade do resultado da "estranha obsessão de um homem por si mesmo".[79]

CAPÍTULO 8

FÉRIAS COM JAMES BOND

No verão de 2006, tirei umas pequenas férias com a minha mulher e os meus filhos no intervalo das frenéticas preparações para o lançamento de um livro, da gravação de centenas de programas de rádio e da filmagem de documentários. Era a única chance que eu teria antes de embarcar em uma rápida turnê pela Califórnia e mais apresentações na mídia. Não tínhamos a menor idéia de onde gostaríamos de ir, mas sabíamos com certeza que queríamos fazer algo simples e ficar na Inglaterra. Começamos então a pesquisar na Internet um lugar tranqüilo e familiar, em algum ponto da costa sudeste, onde pudéssemos passar esse período de férias em família. Escolhemos um pequeno local chamado St. Margaret's Bay. Embora eu estivesse no meio da minha pesquisa sobre Ian Fleming, não liguei os fatos e não reconheci o nome do lugar. Talvez tenha havido alguma forma de associação subliminar, pois eu viria a descobrir uma extraordinária coincidência.

Fizemos as malas e comprimimos dois adultos, duas crianças e dois cachorros, bem como a bagagem, câmeras e todo tipo de coisa no meu pequeno Alfa Romeo. Ficou apertado, e eu estava evitando fazer as curvas muito rápido, com medo de que uma das portas se abrisse. Depois de dirigir durante cinco horas nas estradas congestionadas da Inglaterra, chegamos a St. Margaret's Bay e nos deparamos com a habitual antipática recepção inglesa, que passamos a achar irritante depois que visitamos os Estados Unidos. Quando compro alguma coisa lá, em geral recebo um sorriso e um insincero "Tenha um bom dia". Sincero ou não, prefiro o sorriso e o comentário agradável ao "o quê?" do cidadão inglês, que é com enorme freqüência acompanhado por uma expressão vazia ou infeliz. Isso realmente nos prepara para umas férias realmente agradáveis e me fez lembrar por que eu levara as crianças para o exterior nos anos anteriores. A recepção que eu tive também me fez lembrar que Fleming insinuara a mesma coisa.

Abrimos as portas do carro e tiramos as crianças e os cachorros, junto com uma infinidade de outras coisas. Decidimos levar os cachorros para caminhar e descobrir onde estava a praia. Foi uma longa caminhada através do campo e uma longa descida por uma escada úmida de concreto, mas a vista que descortinamos no final valeu a pena. Uma bela praia (se bem que pedregosa), com penhascos brancos em ambos os lados e um bar situado um pouco mais atrás. Reparei que à esquerda havia algumas casas caiadas que pareciam datar da década de 1920, mas não pensei mais nelas. Deixamos que os cachorros e as crianças ficassem à vontade e ficamos observando enquanto eles davam vazão a cinco horas de energia reprimida, enquanto nós, adultos e não-caninos ficamos sentados exaustos. Lembro-me de ter repetido o tempo todo: "Nunca mais".

No dia seguinte, preparei o café da manhã e a família decidiu caminhar até a cidade para ver o que acontecia. A resposta foi, simplesmente, nada. Alguns bares, um hotel e uma loja caríssima eram as únicas emoções que tínhamos em vista para o fim de semana. Quando estávamos a caminho da praia, lembrei-me de ter visto uma placa indicando um museu, de modo que mudamos de rumo e nos encaminhamos para lá.

Estávamos nos degraus de concreto e a minha filha de 8 anos tinha conseguido contar além de cem quando o céu fez o que sempre faz no verão na Inglaterra: abriu as comportas como se o tempo tivesse recuado ao dia do dilúvio universal. Corremos como loucos em direção ao museu, com a minha mulher escorregando e caindo como um albatroz ao longo do caminho. Finalmente, encharcados e com frio, chegamos ao museu — que estava fechado. Por sorte, havia na propriedade ao lado uma pequena casa de chá com mesas do lado de fora e grandes guarda-sóis. O local era perfeito para uma família com cachorros. Nós nos sentamos e pedimos sanduíche de queijo com salada e chá para todos; os cães adoraram as sobras de queijo. O dia estava se revelando típico de férias inglesas: pessoas infelizes, casas de chá e nada para fazer.

Foi quando reconheci, com o canto dos olhos, a figura de um homem. Uma pintura na parede retratava navios de diferentes períodos, um farol e... Noel Coward. Como a minha pesquisa sobre Fleming estava bastante aprofundada, compreendi que talvez houvesse algo interessante no local, já que Coward fora um bom amigo de Fleming, e eles freqüentemente moravam perto um do outro. Acontece que acertei em cheio. Perguntei à garçonete por que a figura de Noel Coward estava pintada na parede, e ela me disse que ele havia morado no local, um pouco mais adiante na praia. A lembrança do dia anterior me veio à mente enquanto eu recordava as três ou quatro casas caiadas na praia. Uns dois dias depois, após fazer alguns passeios turísticos de carro e levar as crianças para nadar, demos outro longo passeio pela praia. O tempo estava um pouco melhor, de modo que não tivemos que correr. Eu não conseguia afastar os olhos das casas, perguntando-me qual delas teria sido a de Noel Coward. Sentei-me durante algum tempo na praia e abri o meu livro sobre Ian Fleming, enquanto os cachorros e as crianças brincavam na água. Procurei St. Margaret's Bay. Não havia nada no índice, de modo que procurei nas páginas. Encontrei o que queria na página 327: "É óbvio que ainda havia compensações, particularmente o longo fim de semana longe de Londres com Anne [a mulher de Fleming] e o filho Caspar na casa de St. Margaret's Bay".[80]

Descobri que Noel Coward havia alugado uma casa chamada White Cliffs em St. Margaret's Bay para a família Fleming, e eles passaram muito tempo lá. Mas eu queria saber qual era a casa e verificar se eu poderia descobrir mais alguma coisa. Parei de ler e fiz a minha pergunta a uma senhora que vendia chá e café em uma pequena cabana. Ela não tinha certeza. Ela sabia que Noel Coward havia morado em uma delas, mas nunca ouvira falar nada a respeito de Fleming. Avistei então um pescador, e ele afirmou que Fleming tinha com certeza morado na última casa. Achei que ele tinha sido convincente de modo que caminhei pela praia, quase me esquecendo da luta da minha família contra as ondas, e marchei diretamente para a última casa. Chegando lá, o portão de trás, comum à pequena fileira de casas, se abriu, dando passagem a dois pequenos terriers escoceses com roupa xadrez, acompanhados por um senhor idoso vestido com uma camisa branca sedosa, uma echarpe e calça também em tecido xadrez. O cabelo octogenário estava penteado para o lado como se para esconder uma iminente calvície e o sorriso era excepcionalmente cordial para o lugar. Decidi perguntar o que eu queria saber.

Encaminhei-me para o senhor, que me recebeu calorosamente, como a geração mais velha costuma fazer. Perguntei-lhe se sabia qual das casas Fleming havia ocupado.

"Claro que sei, meu rapaz", respondeu ele com um brilho nos olhos. "A minha."

Fui simplesmente às nuvens. Finalmente, aquela tarefa simples e ao mesmo tempo difícil havia sido concluída!

"E o senhor sabe alguma coisa sobre a vida dele aqui"?, indaguei.

"Oh, sim, existem muitos boatos tolos e também coisas verdadeiras." Ele começou a andar com os cachorros e eu o segui. "As coisas tolas fazem parte do folclore local, como a idéia de que Fleming teria escolhido o número 007 por causa do ônibus que costumava parar no alto do morro." Eu já investigara isso no dia anterior. "Uma tolice completa, é claro, porque Ian guardava com ele a verdade desse segredo — ele tinha que fazer isso." Pressionei-o, mas ele apenas disse que não tinha a menor idéia, apenas que isso "revelaria o segredo, meu camarada".

"E as coisas verdadeiras?", perguntei enquanto caminhávamos devagar.

"Bem, depende do que você deseja saber", respondeu ele. "Muitas pessoas famosas viveram aqui ao longo dos anos. Peter Ustinov morou lá em cima", disse ele, apontando para a face oposta do penhasco, onde se via uma bela mansão recuada, "mas os curiosos com o tempo acabaram expulsando todas elas".

"Bem, eu gostaria de informações específicas sobre Fleming e o tempo que ele passou aqui", insisti.

"Oh, bem, ele tinha muitos amigos, a maioria ligados à literatura e pessoas elegantes da alta roda. Eles iam à praia nadar e se divertiam por aqui. A família Fleming gostava de subir o morro e dançar no hotel nos sábados à noite. Mas ele também recebia amigos que ninguém sabia quem eram, e muitas pessoas achavam que ele ainda estava envolvido com a atividade de espionagem com todo o sigilo relacionado. Já outras achavam que ele também estava ligado a coisas diabólicas." O velho sorriu e piscou para mim. "Quem sabe?"

Agradeci a ele pelas informações e perguntei-lhe se permitiria que eu usasse o seu nome. "Não, não, não quero nenhuma publicidade nesta altura da minha vida. Você pode tirar algumas fotos do local, se quiser; posso também baixar as persianas, se você preferir."

Ele era um cavalheiro encantador de quem me recordarei por um longo tempo, não apenas por ter me lembrado de uma pessoa dos velhos filmes dos anos cinqüenta, mas também devido à sua natureza calorosa e generosa. Ele confirmara para mim que Ian Fleming foi muito mais do que apenas um autor de romances de suspense.

CAPÍTULO 9

IAN FLEMING, QUARTA PARTE: INFLUÊNCIAS ESPIRITUAIS

Certa ocasião, na sua casa na Jamaica, Goldeneye, Fleming recebeu a visita da romancista Rosamond Lehmann, na época uma dama atraente e muito requisitada. Na verdade, a visita causou uma certa ansiedade na sua então esposa, Anne, mas Fleming explicou que o relacionamento deles era "estritamente espiritual". Na realidade, esse encontro revela a natureza nitidamente espiritual de Fleming, pois Lehmann estava certamente envolvida com o lado místico da vida. Não obstante, o relacionamento parece ter envolvido outros elementos além do mero espírito.

Lehmann teve experiências místicas nos seus anos de maturidade e compartilhou-as com Fleming na Jamaica; na verdade, eles trocavam as suas idéias esotéricas interiores e mais profundas. Esse intenso compartilhamento causava consternação em Anne, que era uma mulher voltada para o mundo exterior e para os eventos sociais.

Lehmann não era a única pessoa com inclinações místicas com quem Fleming se relacionava. Uma outra era a ensaísta, poeta e mística Edith Sitwell, que mencionei anteriormente, com quem Fleming travara conhecimento em um jantar do *Sunday Times* oferecido ao irmão dela Osbert, e que conhecia Lehmann muito bem. Mais tarde, Fleming viria a oferecer a Sitwell o envio da sua tradução da palestra que Carl Jung proferira sobre Paracelso. Como descobrimos, esse fato em si revela o profundo conhecimento de Fleming dos sutis relacionamentos psicológicos entre a alquimia e a mente do homem. Ele afirmou em uma carta dirigida a Sitwell que a sua tradução inglesa era quase tão alemã quanto o original de Jung, mas que havia um ou dois pontos originais no discurso que nunca haviam sido publicados.

De fato, Sitwell respondeu à carta dizendo que Jung era um dos seus favoritos, e que ela adoraria ver a cópia, especialmente porque esta falava de Paracelso, também favorito seu. Fleming por sua vez escreveu outra carta em resposta à de Sitwell informando que havia escrito para Jung pedindo permissão para publicar a transcrição, revelando que conhecia Jung pessoalmente e certamente compreendia os conceitos dele. Esses conceitos, como saberá qualquer leitor de Jung, são de fato muito antigos, e falam da verdadeira divindade que existe dentro de nós e que reside no equilíbrio do nosso próprio Eu. Sitwell sugeriu então que escrevessem um livro "delineando a inspiração que os filósofos místicos e herméticos como Paracelso haviam proporcionado aos poetas em geral".[81] O livro nunca foi escrito, e se tivesse sido, os vínculos de James Bond com o mundo místico já teriam sido revelados. Independentemente do que foi e não foi publicado, permanece o fato de que Ian Fleming, na sua associação com Edith Sitwell, revela o seu verdadeiro conhecimento das filosofias gnósticas.

A própria Edith Sitwell era uma mística católica romana, e Fleming parece ter se inclinado mais para esse elemento do cristianismo do que para o protestantismo do seu país. Mais tarde na vida, quando passou um período hospitalizado, ele recebeu a visita de uma grande amiga, Clare Blanshard, também católica. Ela conhecia perfeitamente a postura irreligiosa de Fleming, e no entanto ficou surpresa quando ele lhe

IAN FLEMING, QUARTA PARTE: INFLUÊNCIAS ESPIRITUAIS   139

pediu que acendesse uma vela para ele na Catedral de St. Patrick, em Nova York. Surpreendentemente, ele perguntou mais tarde quando a vela fora acesa e, quando foi informado da ocasião, revelou que ela tinha coincidido com a hora em que a sua dor desaparecera. Esse fato demonstra claramente que havia um elemento profundamente espiritual nesse homem, que parecia acreditar no milagre religioso.

Fleming contratou então o design da capa de *From Russia With Love*, insistindo em que o revólver "se entrecruzasse com uma rosa". Aqueles que estão familiarizados com a sociedade cristã secreta dos rosa-cruzes também conhecerão o significado dessa representação simbólica. Exatamente como no nome da mãe de James Bond, Delacroix (da cruz), a rosa que se cruza com o revólver é uma declaração de verdades ocultas, bem como uma indicação sutil do nome de solteira da mãe de Fleming, St. Croix-Rose. Há séculos a rosa tem sido o símbolo de mistérios ocultos, e colocada na capa de muitos textos alquímicos e filosóficos, sem mencionar obras de ficção que encerram um significado mais profundo, entre elas os livros de James Bond. Fleming estava mostrando (para aqueles capazes de entender) que estava de fato fazendo uma profunda declaração.

Andrew Lycett, que escreveu a biografia *Ian Fleming*, mencionou a natureza esotérica dos romances de Bond quando disse que a idéia de que Ian nunca alcançaria e nem se esforçaria para atingir o seu pleno potencial era precisa. Nos seus métodos verdadeiramente esotéricos, Fleming pareceu reservar os seus talentos ocultos para livros posteriores de James Bond, e habilmente compatibilizou o seu mundo físico externo com o mítico. Segundo Lycett, James Bond, em *Casino Royale*, está enfrentando as forças do mal como a heróica figura de São Jorge, lutando pela virtude e por um mundo livre. Ele salva e vai para a cama com a moça, mata o dragão, e é somente por meio dessas batalhas épicas que Lycett acredita que Fleming era capaz de compreender as forças do bem e do mal. Vimos quais eram as idéias de Bond a respeito de Le Chiffre, que ele era a personificação do mal, pelo qual poderíamos julgar a nossa própria bondade, e que nós éramos os únicos culpados pelo caminho que escolhíamos.

São Jorge, o Matador de Dragões

Fleming está revelando aqui o seu conhecimento dos antigos sistemas de psicologia. Esse é um sistema mencionado tanto por Jung quanto por Paracelso, e Fleming sutilmente o inclui nas suas modernas obras de ficção. Praticamente a mesma coisa é exposta no budismo e em outros antigos sistemas. Sem o mal no mundo, como poderemos saber o que é bem? Como vamos julgar a nós mesmos? O mal é um teste da nossa determinação e firmeza, de modo que devemos ser gratos a ele. Rumi, o místico sufista, disse certa vez que, sem as dificuldades da vida, nunca nos aperfeiçoaríamos. Fleming está dizendo exatamente a mesma coisa, usando James Bond como o seu porta-voz. Na realidade, ele vai mais além com o seu personagem como uma nítida declaração de si mesmo. Bond está cercado pela loucura. Pessoas más e confusas tentam apoderar-se do mundo e dominá-lo, enquanto inocentes são postos de lado como lixo. No meio de tudo isso, ergue-se James Bond, o personagem mais neutro de todo o livro. E esse é o ponto do perfeito homem esotérico — o verdadeiro gnóstico precisa permanecer neutro, sem ser nem bom nem mau.

Em *Thrilling Cities,* como já descobrimos, Fleming nos diz que bem cedo na vida ele se envolveu com os conceitos junguianos, lendo um grande número de diferentes autores sobre o assunto.

O jovem Ian Fleming pôde explorar a fundo a vasta biblioteca da família Forbes Dennis, e ele parece ter absorvido tudo muito bem. Foi o casal Dennis que apresentou Fleming aos métodos da psicologia junguiana em Tennerhof na Áustria, sendo essa uma das razões pelas quais a mãe de James Bond teria nascido em um lugar semelhante: nas cadeias montanhosas da Suíça. A outra razão foi que esse era o lugar de origem de Carl Jung. Foi o perfeito entendimento e conhecimento obtidos na Áustria com o psicólogo suíço que "daria à luz" o homem perfeito em James Bond — o novo salvador.

O profundo interesse de Fleming pelo mundo filosófico foi posteriormente confirmado quando, na condição de diretor da sua própria editora, ele tentou, sem sucesso, comprar os direitos de publicação de um romance de autoria de Proust, o famoso filósofo, mas conseguiu publicar parte do trabalho de Evelyn Waugh. Essa ligação entre Waugh e o conhecimento religioso de Fleming se torna visível em um romance particular de James Bond chamado *The Undertaker's Wind,* que mais tarde recebeu um novo nome: *Live and Let Die.* Embora Fleming seja freqüentemente considerado irreligioso, a sua espiritualidade pessoal, a profundidade da sua compreensão da mente humana e os antigos métodos filosóficos não podem ser negados nesse livro. O arqui-rival neste caso é um tal de Mr. Big, que parece ter a sua própria cruz pessoal para carregar: "Senhor Bond, sofro de tédio. Sou vítima do que os cristãos primitivos chamavam de 'acídia', a insuportável letargia que envolve aqueles que estão saciados, que não têm mais desejos".

Para mim, Fleming está lidando com as filosofias da mente e revela o seu conhecimento das convicções gnósticas com a expressão *os cristãos primitivos.* É claro que esses cristãos primitivos eram os gnósticos. A palavra mencionada aqui, *acídia,* é de fato um vocábulo usado naquela época e citado pelos progenitores dos gnósticos, os essênios. A palavra

Evelyn Waugh

deriva do latim *acedia*, e se refere a um dos sete pecados capitais — a preguiça. A maioria das pessoas acredita hoje em dia que a preguiça significa simplesmente ser indolente, mas isso está longe da verdade. A *acídia* na realidade sugere uma espécie de sentimento de entorpecimento pelo desespero. Fleming acreditava que o criminoso freqüentemente era impelido para os seus atos pelo desejo de se libertar da acídia, e que isso se devia à indiferença religiosa. Neste caso então, não estará o Fleming irreligioso afirmando uma coisa a respeito de todos os homens nas páginas dos romances de James Bond? Na verdade, Fleming está apontando o tempo todo para o nosso alter ego, e efetivamente para o do personagem principal — James Bond. Este último é uma pessoa forte, com garra e virtude. O rival é igualmente forte, mas é impelido pelo desejo de ficar livre do tédio. Esse tema é uma expressão da sensação de desespero do próprio Fleming. Ele deseja ser Bond de inúmeras maneiras, de modo que os dois são opostos marcantes sob todos os aspectos. Andrew Lycett comenta, em *Ian Fleming,* que isso possibilitou que Fleming criasse e desenvolvesse James Bond como um antídoto contra a acídia, conferindo expressão ao papel maniqueísta em *Casino Royale* que James Bond estava atuando do lado dos "anjos", ou mais especificamente, que era de fato *obrigatório* que o diabólico Le Chiffre existisse para que o bem pudesse existir.

Esta é uma prova absoluta de que Ian Fleming entendia bem as antigas crenças gnósticas, pois os maniqueístas situavam-se entre os primeiros gnósticos, e se atinham fortemente à filosofia dualista. É hoje uma nítida possibilidade, ou até mesmo um fato estabelecido, que Ian Fleming teria levado adiante esse entendimento da psicologia gnóstica e o incluído nas suas obras. A sua associação com Edith Sitwell e outros, sem mencionar o seu conhecimento das idéias de Jung e a sua tradução da palestra sobre Paracelso, revela as suas inclinações, e o mesmo pode-se dizer da tendência psicológica subjacente, que é óbvia nos romances de Bond e em outros lugares.

Como vimos, essas influências gnósticas eram abundantemente encontradas na literatura medieval a respeito do Rei Artur e do Santo Graal. Artur de Pendragão precisa unir-se à sua Rainha para que a terra se torne fértil ou completa. Somente com a união suprema dos divinos governantes tudo embaixo pode funcionar adequadamente. Fleming compreendia esses conceitos e lera esses textos medievais, apaixonando-se posteriormente por escritores modernos que escreviam sobre o tema, como Buchan. Um dos amigos que Fleming fez mais tarde na vida, o advogado Ernie Cuneo, diria que Ian era um cavaleiro andante em busca da Távola Redonda e possivelmente até mesmo do Santo Graal, sendo, portanto, incapaz de se conformar com o fato de que Camelot havia partido e, menos ainda, com o fato de que ele provavelmente jamais existira.

Essa declaração peculiar a respeito de um homem que a maioria das pessoas imaginava ser arrogante, egoísta e confiante ao extremo é bastante esclarecedora, porque nos mostra outro lado do homem. Na verdade, Fleming estava empenhado na sua própria Busca pelo Graal, tendo percorrido o caminho a vida inteira, criando com o tempo um alter ego em James Bond para destemidamente descobrir o estado perfeito que ele próprio não descobrira. Fleming revela essa trama esotérica medieval em *Live and Let Die*, no qual ele insere um dragão mecânico que cospe fogo, e Bond precisa salvar a virgem nua e inocente como um verdadeiro cavaleiro andante. Até mesmo o seu clube de golfe predileto, do qual ele foi sócio durante trinta anos, se chamava *Excalibur* em homenagem à famosa espada do Rei Artur.

No que diz respeito aos textos modernos, Fleming demonstrou um grande interesse e prazer na leitura do romance, hoje clássico, *The Magic Mountain* de Thomas Mann, que revela que Ian Fleming compreendia os conceitos do livro, que eram não apenas sombriamente psicológicos como também deliberadamente místicos. O livro discute um amplo leque de conceitos que viriam a se tornar em grande medida parte do cortejo de Fleming: a morte, a doença e o dualismo. Um personagem utilizado amplamente na obra é Naphta, um judeu apóstata que se converte ao catolicismo como jesuíta, e é usado para discutir as esferas da vida mística, do despotismo e do terror. O nome *Naphta* deriva do vocábulo judeu *Naphtali*, uma tribo adoradora da serpente envolvida com a crença gnóstica posterior. O conteúdo do livro é metafísico e tem sido comparado a *Faerie Queen* de Edmund Spenser e a *Animal Farm* de George Orwell. O interesse de Fleming por esses romances revela um lado seu que não foi mencionado por nenhum biógrafo, e à semelhança do que ocorreu com Conan Doyle com relação a Sherlock Holmes, creio que o fascínio popular pelo excepcional personagem, James Bond, deve tê-lo deixado às vezes irritado.

Sexo

Uma das afirmações feitas a respeito de Ian Fleming por aqueles que o conheciam bem era a de que ele era sexualmente promíscuo e apreciava as formas mais extremas do prazer sexual. Isso incluía a declaração de um amigo chegado, Anthony Powell, de que o casal Fleming usava uma quantidade incrível de toalhas porque Ian costumava chicotear a mulher, Anne, em um frenesi sexual. Tendo em vista o conhecimento que Fleming tinha dos antigos métodos psicológicos, bem como o seu entendimento do poder que o ato sexual tinha de produzir um estado de êxtase elevado, existe pouca dúvida de que ele estivesse pondo em prática certos ritos sexuais considerados pelos extáticos e pelos místicos como sendo conducentes à união mística e ao divino. Na Índia, esses métodos são chamados de ritos tântricos, e conduzem a pessoa a um estado da mais absoluta felicidade e alegria. Eles estão associados à ioga, algo com que Fleming se entretinha, e na qual Aleister Crowley era um iniciado.

Vimos no Capítulo 6 que Fleming esteve envolvido com o Bloomsbury Set, ou, como o *Morning Post* o chamava, a Bloomsbury Black Mass. Com efeito, a abrangência das reuniões da Black Mass era bastante ampla nos anos 20 e 30. O autor J. Bricaud escreveu o seguinte em 1924, no seu livro *Black Mass:*

> É certo, como mostramos, que as cerimônias sacrílegas, as cenas de profanação, não desapareceram. No entanto, perderam o seu significado primitivo, e o seu aspecto psicológico não é mais o mesmo. Hoje em dia, os seguidores de Satã colocam todo o ser fervor na realização do que acreditam ser a mais elevada expressão de sacrilégio; eles se entregam aos prazeres sensuais (...) As suas repulsivas saturnais e as suas orgias contra a natureza são meramente sadismo.

O autor desse texto era obviamente um verdadeiro cristão inglês e estava defendendo o seu credo com veemência, mas a natureza dos "prazeres sensuais" desse período, e na realidade de épocas bem anteriores e posteriores, era e ainda é verdadeira. A partir da evidência que temos, creio que não apenas muitas das pessoas ligadas a Fleming estavam envolvidas em ritos semelhantes, mas que ele próprio também pode ter estado. Tive que matutar a respeito de o que o cavalheiro idoso de St.

Cavaleiros templários

Margaret's Bay dissera: "Já outras achavam que ele também estava ligado a coisas diabólicas".

Nas tendências místicas cristãs subjacentes essas coisas certamente envolviam alguma forma de espancamento. Muitos autores cristãos acusavam os gnósticos de chocantes atos sexuais, os quais eram sempre atribuídos em alto e bom som aos infames templários e aos hereges cátaros. Os seguidores de algumas correntes gnósticas faziam referência ao princípio de Hermes segundo o qual: "Se odeias o teu corpo, meu filho, não podes amar a ti mesmo" *(Corpus Hermeticum).* Acreditava-se que era possível alcançar a salvação, ou união com o divino, por meio do prazer, uma crença seguida pelos marcianistas e ofitas gnósticos, ou aqueles que adoravam a serpente. Os cainitas, outro grupo gnóstico, acreditavam que os verdadeiros amigos de Sofia (sabedoria) eram aqueles que haviam se rebelado contra Jeová, de modo que veneravam Caim e o povo de Sodoma e Gomorra. Eles começavam com um banquete, no final do qual pediam às suas esposas que "fossem caridosas com um irmão". Depois do orgasmo, o esperma era recolhido e erguido na direção do céu com um canto: "Nós vos oferecemos esta dádiva, o corpo de Cristo".

De certo modo, os cainitas estavam oferecendo a semente ou origem da vida oriunda da união, o que era um ato bastante sagrado. Esses métodos ritualistas também são encontrados no tantrismo, o qual, sabe-se muito bem, despertara o interesse tanto de Crowley quanto de Fleming. O conceito é simples: podemos nos perder na orgia sexual e ficar livres do medo e das limitações, fazendo coisas que não ousamos fazer sozinhos. Na fusão das almas, a pessoa perde o ego, a noção de quem ela é, e volta a se unir com o Altíssimo.

Tantrismo oriental

Fleming certamente estava a par disso, bem como da natureza pseudo-sexual da alquimia, a partir das obras de Jung e Paracelso. Grande parte seria encontrada nas associações de Fleming com o próprio pretenso anticristo, Aleister Crowley, que era célebre por usar e abusar de ritos sexuais. E Fleming certamente incluiu um grande número de elementos sexualmente aberrantes nos livros de James Bond.

O fato é que, ao se elevar a um estado de puro êxtase durante o sexo ritual, a pessoa liberava hormônios que lhe conferiam uma sensação de unidade com todas as coisas. Era a experiência da perfeita união divina, reunindo fisicamente os dois opostos para entrar no estado de unidade mencionado na literatura gnóstica. O método também distorce a verdadeira necessidade de ser amado, de ternura, algo de que tanto Fleming quanto Crowley careciam.

Essa união dos opostos, entre os sexos, receberia mais tarde uma equação matemática na breve história de James Bond "The Quantum of Solace", na qual o governador das Bahamas, "que narra a história, define o Quantum of Solace como uma notação numérica precisa da quantidade de conforto e bondade que precisa existir entre duas pessoas para que o amor floresça".[82]

Parece que essa simetria seria uma força motriz por trás da vida e do trabalho de Fleming: "Uma das palavras que ele usava o tempo todo era 'simetria', e na busca da simetria na sua própria vida tudo se resolvia".[83]

CAPÍTULO 10

PESSOAS INFLUENTES: EM DETALHE

Como vimos até aqui, várias influências afetaram a vida e a mente de Ian Fleming, desde a alquimia e o misticismo até o serviço secreto ou mesmo a família. Fleming vinha de uma família cujos membros deveriam causar uma impressão marcante e, por ser aparentemente incapaz de demonstrar o ar respeitável exigido, Fleming com excessiva freqüência causava uma tempestade. Para acalmá-la, ele se voltava para as influências que lhe eram apresentadas, as quais surgiam sob diversas aparências. A fim de aprofundar o nosso conhecimento de Ian Fleming, precisamos examinar mais detalhadamente as profundezas desse oceano de influência.

Carl Jung

O hoje famoso psicanalista Carl Gustav Jung foi desde cedo uma das personalidades que mais influenciaram a vida de Ian Fleming. Jung foi um dos pais da psicologia moderna, e não devemos exagerar a sua importância. Ele ficou famoso devido às suas declarações sobre o "inconsciente coletivo" — que é a convicção, em termos simples, de que todos compartilhamos uma forma de memória ou coesão através do mundo inconsciente — conceito que hoje está se tornando mais firme com o advento da teoria da moderna física quântica e as crenças da "nova era".

Podemos verificar como Fleming extraiu o seu papel literário dos conceitos de Jung na seguinte declaração: "O artista não é uma pessoa que tem livre-arbítrio e que procura os seus próprios objetivos, e sim um indivíduo que permite que a arte realize através dele os seus verdadeiros propósitos. Na condição de ser humano, ele pode passar por variações na disposição de ânimo, bem como ter uma vontade e metas próprias, mas como artista ele é um 'homem' em um sentido superior — ele é um 'homem coletivo', um veículo e modelador da vida psíquica inconsciente da espécie humana".[84]

Fleming era sem dúvida um ser humano com "variações na disposição de ânimo e uma vontade e metas próprias", mas ele também era um artista que havia compreendido profundamente a essência do trabalho de Jung, e por intermédio desse elemento do seu "verdadeiro eu" e da libertação da sua "mente coletiva", ele entregou James Bond ao mundo. Bond é de fato um personagem que poderia ser qualquer pessoa.

Entre os sistemas esotéricos que Jung pesquisou, o seu primeiro amor foi o gnosticismo. Em 1912, Jung mencionou a Sigmund Freud que ele tinha uma certa intuição de que o aspecto feminino da literatura gnóstica (a saber, Sofia ou sabedoria) se restabeleceria no mundo como um todo na qualidade de um suposto novo método de psicologia. Infelizmente para Jung, havia muito poucos trabalhos modernos sobre o assunto na época, de modo que ele teve que iniciar uma pesquisa laboriosa nos antigos textos. Jung ficou surpreso ao constatar que o vínculo entre os gnósticos e a época moderna fora rompido, e somente mais tarde descobriu, ao longo de anos de estudo, que esse vínculo fora mantido vivo dentro da alquimia: "Primeiro tive que encontrar evidências da prefiguração histórica das minhas experiências, ou seja, tive que perguntar a mim mesmo: 'Onde as minhas premissas particulares já ocorreram na história?' Se eu não tivesse tido êxito ao procurar essas evidências, jamais teria sido capaz de confirmar as minhas idéias. Por conseguinte, o meu encontro com a alquimia foi decisivo para mim, pois proporcionou-me a base histórica da qual eu até então carecia".[85]

Para Jung, a alquimia representava o elo histórico com o gnosticismo. Ele afirmou que se tratava de uma continuidade que existia entre o passado e o presente. Encontrada originalmente na filosofia natural da Idade Média, diz Jung, foi a alquimia que formou a ponte entre o gnosticismo, no passado, e a moderna psicologia do inconsciente, no presente.[86]

Inacreditavelmente, a palestra de Jung sobre Paracelso (traduzida por Ian Fleming) foi apresentada no aniversário do quarto centenário da morte de Paracelso, e considerada por muitos como talvez a imagem mais clara registrada da atitude fundamental de Jung diante da alquimia.[87]

De acordo com Paracelso (e, por *default*, Jung), a luz do Divino é captada ou mantida imóvel pelo Hylaster (*hyle*, "matéria"; *astrum*, "estrela"). A única maneira pela qual o alquimista poderia liberar essa luz brilhante era, primeiro, reduzindo ou desmembrando essa estrutura. Essa é a queima, a tortura e a redução mencionadas na alquimia, bem como nos romances de Bond. James Bond precisa ser submetido a um conflito constante. Precisa ser alquebrado, ou a nêmese precisa ser destruída, para que o Divino seja liberado.

Jung declarou que, no processo de transformação, os binários reais, criativos aparecem e dão início à interação, ou à conjunção alquímica, da união. Como afirmaram Jung e outros, essa é a suprema união e é a luz, que estava anteriormente oculta, e que agora pode se apresentar e ser realizada.[88] As figuras binárias nos livros de Bond são o personagem masculino (Bond) e o feminino (a Bond girl) que precisam se unir a fim de produzir a redenção, a salvação da humanidade, mas eles têm que descobrir e combater o mal supremo. O mesmo viria a ser verdade com relação ao seu suposto livro infantil *Chitty Chitty Bang Bang*.

152 O CÓDIGO DE JAMES BOND

Em um ensaio intitulado "The Psychology of the Transference",[89] Jung emprega dez imagens para ilustrar a Grande Obra ou Opus da transformação alquímica, que eram encontradas no clássico *Rosarium Philosophorum (Rosário dos Filósofos)*. Aqui nos deparamos com as naturezas ou energias conhecidas como o rei e a rainha, que passam por uma série de transições de fase em um relacionamento místico e erótico, acabando por unir-se com o tempo e formando um ser andrógino.[90] Fleming simplesmente adapta essa abordagem dualista, pois Bond precisa se unir à mulher a fim de resolver a situação (em *Chitty Chitty Bang Bang* a mãe e o pai se unem). Na realidade, Jung declarou que produtos literários de mérito altamente incerto eram com freqüência extremamente interessantes para o psicólogo, e ele teria pensado o mesmo a respeito do trabalho de Fleming. O que este último fez no caso de *Chitty Chitty Bang Bang* foi pegar um carro que estava destinado a ir para o monte de sucata e recriá-lo; ele ressuscitou a alma negligenciada, e ela emergiu voando, como a fênix alquímica, das chamas do árduo trabalho de Caractacus Pott, no seu louco laboratório. O carro não voou por causa de um gênio mecânico; voou devido aos cuidados carinhosos, à atenção e, acima de tudo, à magia, a mesma magia que inspirou John Dee a fazer voar o seu besouro mágico.

Jung teve as suas obras publicadas na Inglaterra por um editor esotérico chamado Watkins, o mesmo Watkins que, de acordo com um dos meus contatos, produziu mapas astrológicos para Winston Churchill durante a guerra, e que tinha conhecimento dos contatos de Fleming com Aleister Crowley. John M. Watkins iniciou as suas atividades de publicação em abril de 1897, na Charing Cross Road 26, em Londres, produzindo listas para a Sociedade Teosófica. Em 1901, ele havia se mudado para a Cecil Court, também em Londres, onde era visitado por figuras como W. B. Yeats, membro da Golden Dawn, e até mesmo por Fleming. O vínculo entre Watkins, Churchill e a astrologia era importante porque a utilização da astrologia entraria em cena na conjuntura Fleming-Hess-Crowley.

Paracelso

Já fizemos um exame profundo de Paracelso, mas existem outras partes da história que revelam o Código de James Bond — o fato de que Fleming compreendia e usava códigos no personagem e nos livros para divulgar um significado oculto. Paracelso nasceu em 1493, no signo solar do Escorpião — o que é um prenúncio favorável para agentes de cura, envenenadores e médicos, segundo informações de Jung traduzidas por Fleming. Dizem que esse é o signo do espião, devido aos atributos do escorpião. Por conseguinte, não é nenhuma surpresa descobrir que a data de nascimento que Ian Fleming atribuiu a James Bond foi 11 de novembro. O signo do Escorpião vai

O Escorpião

de 23 de outubro a 21 de novembro, o que faz de Bond um nativo de Escorpião — signo astrológico correto tanto para o espião quanto para a influência anterior de Fleming, Paracelso.

Edith Sitwell

Edith Louisa Sitwell foi a primogênita de *Sir* George Sitwell e de *Lady* Ida Sitwell, nascida em 7 de setembro de 1887. Apesar de ter nascido rica e em uma família aparentemente harmoniosa, ela não foi feliz na infância. Afirmava que os pais agiam como desconhecidos desde o momento do seu nascimento, e que o pai fora muito severo e excêntrico, enquanto a mãe ficava aborrecida com o fato de Edith ter feições incomuns e ser muito alta.[91] Edith chegou até mesmo a descrever *Lady* Ida como uma mulher negligente e cruel, que se embriagava com freqüência. Edith Sitwell não foi ao enterro da mãe, que ocorreu em 1937. Curiosamente, os seus irmãos, que também eram escritores e poetas, tinham recordações muito mais felizes da infância, mas Sitwell atribui essa discrepância ao fato de que o pai só quisera filhos do sexo masculino.

Mais tarde na vida, Sitwell tornou-se uma feminista ferrenha, o que deve surpreender as pessoas que afirmavam que Ian Fleming odiava as mulheres e era um porco-chauvinista. Na verdade, esse fato revela uma mente mais amadurecida do que muitos julgavam, mente essa que respeitava o papel feminino. Sitwell era principalmente famosa pela sua poesia, que tem sido descrita como claramente singular, e "esse caráter único levou muitos admiradores a investigar o verdadeiro significado por trás das suas obras importantes".[92]

Entre as pessoas que influenciaram Sitwell, encontramos William Blake, o grande poeta místico e artista. Na realidade, a própria Sitwell era um pouco mística. Ela também admirava intensamente a maneira como T. S. Eliot conseguia enxergar o mundo com olhos diferentes.

Sitwell expôs o tema do desenvolvimento da consciência, dizendo que poderíamos enxergar melhor a nós mesmos e o mundo que nos cerca se encarássemos tudo como um símbolo de algo além da consciência, de algo ainda adormecido, que exigia um despertar.[93]

Fleming respeitava essa mulher, pois detectava no trabalho dela indícios do universo que ele vira na Áustria. Ele também enxergava aspectos da sua própria convicção de que a divisão entre a mente e o coração ou entre a lógica e o espírito estava conduzindo o mundo rumo a uma situação horrível.

Sitwell claramente reverenciava e entendia as forças da natureza, e muitos acreditam que a sua poesia esteja repleta de interpretações desse conhecimento. Idéias mescladas de tempo e consciência aparecem em toda a sua obra, possibilitando que o leitor conclua que Sitwell de fato alcançara uma epifania na sua vida. Os seus temas básicos de coração e mente, emoção e lógica, se manifestam na situação sem esperança que ela destaca das pessoas apaixonadas que nunca "se unirão",[94] e perma-

PESSOAS INFLUENTES: EM DETALHE 155

necerão portanto sempre separadas devido ao fato de perceber os dois elementos como distintos. Os dois são na verdade um só. No entanto, como os designamos, nós os separamos, e enquanto não os percebermos como um só, eles de fato nunca o serão.[95] Fleming também enxergou isso, e por conseguinte James Bond nunca fica com nenhuma mulher, precisando seguir adiante, porque o trabalho é constante.

Sybil Leek

Outra dama que supostamente conhecia Fleming, Sitwell e até mesmo Crowley era Sybil Leek. Nascida no dia 22 de fevereiro de 1922 (existem controvérsias de que teria sido em 1917), em Staffordshire, Inglaterra, ela viria a se tornar uma das mais famosas bruxas do seu país. Na infância, as influências que Leek recebeu foram literárias, profundas e um tanto místicas, como podemos constatar pelo fato de que, segundo dizem, H. G. Wells em pessoa a levou para ver o seu primeiro eclipse. A sua avó freqüentemente preparava mapas astrológicos para pessoas como Thomas Hardy, T. E. Lawrence e Edith Sitwell. No que tange à sua ligação com Crowley, este costumava procurá-la para pedir informações sobre bruxaria e assuntos astrológicos — pelo menos era o que ela dizia. Uma das crenças populares mais peculiares sobre Leek diz respeito às suas previsões de que Ian Fleming iria ficar famoso por causa das suas habilidades literárias, bem como pelo fato de ela ter previsto a data da morte dele.

Quando esteve nas Ilhas Hébridas, ela afirmou que muitos militares do alto escalão a procuraram para que ela elaborasse os seus mapas astrológicos, inclusive heróis como o capitão-de-fragata Roger Keyes — um grande herói da Marinha Britânica na Segunda Guerra Mundial. Ela afirmou que as Ilhas Hébridas exerciam um efeito calmante por estarem separadas da Europa em guerra, e que lá o protocolo era esquecido. No entanto, Sybil Leek também afirmou que o seu trabalho era altamente confidencial, e que ela de vez em quando via Ian Fleming, que era austero e estava sempre ocupado, surgindo e desaparecendo inesperadamente.[96]

Em primeiro lugar, essa declaração aparentemente inocente nos oferece um vislumbre histórico da mente das pessoas comuns e das não tão comuns da década de 1940, ou seja, o fato de que elas não viam nenhum problema em que lessem os seus mapas astrológicos, e provavelmente acreditavam neles. Essa era a época de Fleming, e na qual ele baseou o seu personagem James Bond. Foi natural para Fleming incluir as cartas do tarô de Solitaire em *Live and Let Die,* porque elas eram uma parte natural da vida para ele, assim como a astrologia o era para as pessoas comuns. Muita coisa mudou ao longo de um período tão breve. Hoje em dia, as pessoas praticamente têm medo de revelar esse lado "tolo" da sua natureza. A própria Sybil Leek afirmou, em 1972, na sua autobiografia que todos os seres humanos tinham a magia dentro de si, e que o segredo era saber usá-la, sendo a astrologia uma ferramenta fundamental.

De fato, Leek (a qual, junto com Crowley, ajudou Fleming na questão de Hess) afirmou que, quando criança, ajudou Fleming a traçar o vôo de Hess. É questionável se Leek de fato esteve pessoalmente com Crowley. O diário de Leek afirma categoricamente que ela o conheceu e que ele estava entre as muitas pessoas que visitavam a sua casa. Ela conheceu Crowley quando tinha apenas 8 anos de idade e sempre se lembraria dele por ele ser bonito, ter olhos vívidos e penetrantes e possuir um tremendo magnetismo animal.

Essas informações situariam o período em que Leek teria conhecido Crowley entre 1930 e 1932, mas Crowley estava morando na Alemanha nessa ocasião. Não existem, na verdade, evidências que respaldem as afirmações de Leek de que ela efetivamente conhecia Crowley, e nenhum biógrafo de Fleming tampouco afirma de alguma maneira que ela tenha conhecido Fleming pessoalmente (embora a omissão não exclua essa possibilidade).

Dr. John Dee

Não existe nenhum registro oficial do nascimento de John Dee; somente uma série de coordenadas cósmicas: 1527, 13 de julho, 16:02, latitude 51 graus, 32 segundos. Isso, é claro, nos informa a hora e o local exatos (Londres).

Dee, alquimista elisabetano, astrólogo e erudito versátil, foi um dos mais antigos agentes secretos conhecidos da Grã-Bretanha. Acredita-se que ele tenha se tornado um agente da rainha durante a guerra entre a Inglaterra e a Espanha, e ele manteve até mesmo uma correspondência privada com Elizabeth, assinando a documentação como "007", enquanto Elizabeth assinava a dela como "M". Essa evidência é oriunda de Donald McCormick (cognome Richard Deacon), que conheceu Ian Fleming no serviço secreto durante a guerra e depois escreveu numerosos livros, entre eles uma biografia do Dr. John Dee. Essa evidência não está fora dos limites da verdade, porque até mesmo o Conde de Leicester, espião e amigo de Dee, marcava a correspondência que recebia deste com dois pontos dentro de um círculo, formando um 0 duplo, ou olhos gêmeos. Os dois zeros indicam os olhos do espião, e o 7 é um número de perfeição extremamente importante nos círculos de gematria. Reunindo tudo, o número indica que Dee não apenas era os olhos da rainha, mas também os

John Dee

olhos ocultos dela. É praticamente certo que Fleming entendia de gematria, como vimos no Capítulo 2, quando mostrei que Bond recebe um novo código, 7777, pois "está feito".

Consta que Dee até mesmo colocava "For Your Eyes Only"[97] nos seus documentos ultra-secretos.* Existe também alguma evidência de que Ian Fleming estaria lendo uma biografia de Dee quando escreveu o seu primeiro romance de James Bond, e esse fato seria pouco surpreendente, já que Dee teria sido fascinante para um homem como Fleming, que nutria um profundo interesse pela alquimia, as ciências ocultas e uma boa história de espionagem. Está comprovado que os serviços se-

158 ◼ O CÓDIGO DE JAMES BOND

cretos e as sociedades secretas possuem a mesma herança histórica, e Dee e Fleming não se opunham a nenhum dos dois. Na realidade, os nazistas acusaram o serviço de inteligência britânico de estar infestado de tendências rosacrucianas, e John Dee é famoso por ter exercido uma profunda influência na ordem no século 16; os dois mundos, por mais separados que estejam pelo tempo, estavam unidos nas suas convicções.

Francis Yates comenta o seguinte no seu livro *Majesty and Magic in Shakespeare's Last Plays*: "Ousaria alguém afirmar que o movimento rosa-cruz alemão alcança o auge da expressão poética em The Tempest, um manifesto rosa-cruz impregnado do espírito de Dee, usando parábolas ostentosas para a comunicação esotérica?"

A época situa-se no final do século 16, e quando Eduardo VI morreu, a Rainha Mary ascendeu ao trono. Foi Mary que efetivamente convidaria Dee para os círculos da corte a fim de que ele elaborasse o seu horóscopo. Dee também preparou o de Elizabeth, a irmã mais nova de Mary, que estava na época encarcerada devido a diferenças religiosas entre ela e Mary. Piorando ainda mais a situação, Dee mostrou então o mapa de Mary para Elizabeth, sendo subseqüentemente preso sob a acusação de traição e feitiçaria contra a vida da Rainha Mary. Mais tarde ele foi perdoado e voltou a participar do séquito de Mary, embora alguns acreditem que ele tenha agido o tempo todo como espião de Elizabeth. O fato de Dee ter sido preso com "outros" sugere que ele foi identificado como membro de uma célula protestante secreta que o governo de Mary acreditava cercar Elizabeth.[98]

Na realidade, parece que Dee estava até mesmo usando recursos mágicos para garantir a segurança nacional. Ele estava fascinado pelo uso da cabala, particularmente como um método de codificar mensagens secretas e de criar códigos e cifras que somente aqueles com conhecimento de ocultismo seriam capazes de decifrar. Dee era um especialista em criptografia e possuía várias cópias da *Polygraphia* de Tritêmio, que tratava exclusivamente de códigos. Ele também estudou as obras de Jacques Gohorry *(De Usu et Mysteriis Notarum)* e de Jacapo Silvestri *(Opus Novum)*, as quais utilizou para praticar a escrita cifrada. Quando

Dee garantiu a William Cecil, o conselheiro de confiança da Rainha Elizabeth, que o seu novo livro promoveria as "ciências secretas", ele estava na verdade referindo-se à arte de criar códigos e cifras a partir de uma base oculta. Naquele exato momento, Cecil estava na realidade criando o primeiro serviço secreto do qual, mais tarde, Francis Walsingham se tornaria chefe, e que aterrorizou silenciosamente a mente dos adversários europeus da Grã-Bretanha. O sistema como um todo se apoiava intensamente em códigos e cifras, e Dee foi firmemente colocado no seu núcleo.[99]

Como Elizabeth acabou subindo ao trono, Dee foi elevado à condição de astrólogo da corte. À semelhança da futura Rainha Vitória, Elizabeth era fascinada pelo ocultismo, e pediu a Dee que escolhesse a data da sua coroação: 15 de janeiro de 1559. Surpreendentemente, algo me fez refletir a respeito dessa auspiciosa data, de modo que decidi verificar a data de nascimento ou "coroação" dos romances de James Bond. O leitor não deverá ficar surpreso ao tomar conhecimento de que ela foi, de fato, 15 de janeiro, identificada por John Pearson como exatamente a data em que Ian Fleming começou a escrever *Casino Royale.*

As "ciências secretas" e os "serviços secretos" estiveram interligados desde o início, em grande parte devido aos seus vínculos com as sociedades secretas, de modo que não é difícil perceber por que os serviços de Ian Fleming e Aleister Crowley foram utilizados na Segunda Guerra Mundial. O fato de Ian Fleming ter usado elementos da vida e do serviço do Dr. John Dee nos seus romances de espionagem — em particular o número 007 — não deverá causar nenhuma surpresa, e descobrir que Crowley afirmou ter modelado a si mesmo por Dee deverá causar uma surpresa ainda menor.

No entanto, existe um vínculo ainda mais interessante entre Dee e os livros de Ian Fleming. Aos 15 anos de idade, Dee passou a freqüentar o St. John's College, em Cambridge, estudando 18 horas por dia, e foi designado *under-reader*[100] de grego no Trinity College. Ele se fornou bacharel em Humanidades e tornou-se membro da Academia do Trinity College (a mesma faculdade freqüentada por Aleister

Crowley). Entretanto, também foi em Cambridge que ele foi pela primeira vez acusado de feitiçaria, quando conseguiu, de alguma maneira, criar um besouro mecânico voador durante a apresentação no palco de *Aristophane's Pax*. Dee tinha visto isso ser feito anteriormente em Nuremberg: "Maravilhoso foi o trabalho dos dias mais recentes, pois em Nuremberg um inseto de ferro, tendo sido solto da mão do Artífice (por assim dizer), voou em torno dos portões (...) e finalmente, como se estivesse cansado, voltou para a mão do mestre. Além disso, uma águia artificial recebeu instruções de voar da mesma cidade, um imenso caminho (...) nas alturas, na direção do Imperador que ia para lá, e seguindo-o, chegando ao portão da cidade".[101]

Tudo indica que Dee teve durante um longo tempo uma paixão por aparelhos mecânicos voadores, os quais Fleming usaria em seu benefício na história infantil *Chitty Chitty Bang Bang*. Teria Ian Fleming baseado James Bond em Dee? Nunca saberemos realmente a resposta, mas sabemos que ele estava lendo uma biografia de Dee na ocasião em que escreveu *Casino Royale*, e podemos perceber que Dee certamente influenciou Fleming.

Sax Rohmer

Sax Rohmer foi um prolífico escritor inglês mais conhecido pelas suas histórias a respeito de Fu Manchu, de Denis Nayland Smith e do Dr. Petrie, que recebeu esse nome em homenagem ao famoso egiptólogo. Ele exerceu uma profunda influência em Ian Fleming, de modo que devemos nos aprofundar um pouco mais na sua vida e na sua obra.

Rohmer era filho de pais irlandeses e nasceu com o nome de Arthur Henry Ward, não tendo na verdade recebido nenhuma instrução formal até mais ou menos os 9 ou 10 anos de idade. Mais tarde, ele mudou o nome para Sax Rohmer, que significa "a espada errante" *(sax* é "espada curta" em saxão, e *rohmer* é "vagar" em saxão). Quando criança, ele sonhava ser escritor, mas começou a trabalhar como funcionário de um banco e depois numa companhia de gás. Com o tempo, conseguiu um emprego de mensageiro em um pequeno jornal local, onde fez carreira, e finalmente tornou-se repórter do jornal *Commercial Intelligence*. Rohmer afirmou que as suas primeiras influências foram a egiptologia e o ocultismo, e, em 1903, a sua primeira história, "The Mysterious Mummy", foi publicada no *Pearson's Weekly*. Em 1909, casou-se em segredo com Rose Elizabeth Knox. Rose apresentava um número de prestidigitação com o irmão, e durante dois anos o casamento foi ocultado da família dela. Como Rose também era uma paranormal declarada, Rohmer tirou proveito disso e costumava consultar a esposa. Certa vez ele perguntou qual seria a melhor maneira de ele ganhar a vida, e a famosa tábua Ouija respondeu C-H-I-N-A-M-A-N (homem chinês).

O seu primeiro livro, intitulado *Pause!*, foi publicado em 1910. A obra foi uma coleção de contos que ele conseguira publicar em vários jornais. Em 1913, surgiu o seu primeiro romance de Fu Manchu, que

Boris Karloff no papel de Fu Manchu

W. B. Yeats

alcançou imediatamente um grande sucesso, seguido do "teste" de Fu Manchu em *The Story Teller*, intitulado "The Zayat Kiss". O conceito desse estranho chinês que chefiava uma perigosa sociedade secreta cujo objetivo era dominar o mundo certamente tinha um apelo mais do que apenas popular para Rohmer. Foi em Fu Manchu que Ian Fleming iria basear o Dr. No, e possivelmente muitos dos outros nefandos personagens dos romances de James Bond. Os romances de Fu Manchu também continham uma influência alquímica que Fleming deve ter captado e apreciado. Em *The Mistery of Dr. Fu-Manchu*, publicado em 1913, Rohmer escreve o seguinte: "Saudações! Sou chamado de volta por Aquele que não pode ser negado. Fracassei em grande parte do que vim a fazer. Grande parte do que fiz eu gostaria de desfazer; pouco eu desfiz. Eu vim do fogo — do fogo lento de algo que um dia seria uma chama intensa; no fogo eu parto. Não procure as minhas cinzas. Sou o senhor do fogo! Adeus".

O adversário de Fu Manchu é *Sir* Denis Nayland Smith, um dos chefes de espionagem do serviço secreto britânico. As semelhanças entre os romances de Fu Manchu de Rohmer e os romances de James Bond de Fleming são quase excessivas.

Mais tarde, depois da morte de Fu Manchu, encontramos Rohmer criando Morris Klaw, que resolvia casos usando os seus sonhos e visões. O interesse de Rohmer pelo ocultismo, semelhante ao de Fleming, conduziu-o ao âmago da sua vida real quando ele ingressou na Hermetic

Order of Golden Dawn. Os outros membros desse grupo eram a própria besta infame, Aleister Crowley, e W. B. Yeats, ambos os quais conheciam Fleming. Sob a orientação de um tal Dr. Watson Councell, Rohmer mergulhou na teosofia, no misticismo e na alquimia. Nos seus livros *Brood of the Witch Queen, Grey Face* e *Green Eyes of Bast,* Rohmer expôs o seu entendimento do mundo alquímico, oculto e da egiptologia que era extremamente popular naquela época. Fleming, por outro lado, não foi tão óbvio com as suas declarações ocultas e alquímicas, escondendo-as dentro de romances de espionagem belamente compostos. Será que Rohmer também ocultava pistas sutis nas profundezas da sua obra? Em um prefácio a *Apollogia Alchymiae,* Sax Rohmer escreveu o seguinte, em 1923:

> (...) Segundo o autor do presente trabalho [este nome da *proxima materia* dos alquimistas] é dado a fim de comunicar ao irmão do alquimista o fato de que ele conhece o material; ele não está escrito para a informação do principiante. Assim sendo, Sendivogius escreve que ele "intimou a arte de palavra para palavra", mas que os seus ouvintes "não poderiam de modo nenhum entendê-lo". Basil Valentine mencionou abertamente a substância. Eirenaeus Philalethes afirma que era capaz de diferenciar os verdadeiros escritores dos sofistas "por meio de um caractere secreto". Por conseguinte, ele deve ter descoberto essa palavra ou caractere nos escritores que ele cita. Cabe, então, aos outros encontrar, mas provavelmente não em escrita cifrada.

Sax Rohmer compreendia que esses segredos dos alquimistas tinham estado escondidos, e assim permaneceriam, como ele mesmo os colocou no seu próprio trabalho. Ele lançou publicamente obras como *Masonic Symbolism* e *The Mystic Way,* mas o fez com o pseudônimo de Arthur H. Ward. Usando seu próprio nome, ele publicou *A Guide to Magic, Witchcraft and the Paranormal,* no qual encontramos personalidades famosas como Nostradamus e o primeiro 007, Dr. John Dee.

Aleister Crowley

Nascido em uma família puritana de classe média alta (Plymouth Brethren) em 1875, o jovem Crowley logo se viu absorvido pelo ocultismo. Em 1895 foi para o Trinity College, e em 1896 ingressou no mundo das ciências ocultas, da alquimia e do misticismo. Mais ou menos nessa época Crowley foi profundamente influenciado pelo ocultista, maçom e um dos fundadores da Hermetic Order of the Golden Dawn, Samuel Liddell MacGregor Mathers, que também pertencia à Ordem Rosa-Cruz. Mais tarde na vida, os dois tiveram uma violenta divergência, e Crowley criticou duramente o romance *Moonchild* de Mathers.

Edward Kelly

Crowley deu início a uma carreira na qual chocou o mundo com o livro *White Stains*, tendo sido tratado com desprezo pela imprensa. Ele ingressou na Hermetic Order of the Golden Dawn, uma sociedade também freqüentada por Bram Stoker e W. B. Yeats. Crowley logo se tornou Grão-Mestre, e dizem que ele teve um relacionamento homossexual com Allan Bennett, outro membro da Golden Dawn, embora os estudiosos de Crowley questionem a alegação da homossexualidade. Crowley declarou que desejava tornar-se um "santo de Satã", e chamou a si mesmo de a "Grande Besta". Mas ele foi longe demais, e em 1900 foi expulso da ordem. Sem se deixar perturbar por isso, Crowley criou a sua própria ordem, que chamou de Silver Star, e foi viajar pelo mundo, estabelecendo-se na Sicília durante vários anos. A essa altura, Bennett se tornara um monge budista, e os dois voltaram a se relacionar no Ceilão, onde Crowley foi iniciado no tantrismo. Posteriormente, em Paris, ele conheceu e se associou a várias pessoas que também eram próximas de Ian Fleming, entre elas

PESSOAS INFLUENTES: EM DETALHE   165

Somerset Maugham

Somerset Maugham. No Cairo, Crowley aprendeu o segredo secreto da união sexual, e veio depois a se casar com Rose Edith Kelly, que morreu devido a uma overdose de álcool. Assim como o Dr. John Dee ouviu o suposto contato de Edward Kelly com o mundo espiritual, Crowley ouviu o de Edith Kelly. Ele escreveu depois *The Book of the Law*, ditado pelo espírito do ministro de Hórus, que ele afirmou estar parcialmente em escrita cifrada e em código, o que lhe impossibilitava o entendimento.

Crowley continuou a viajar e parecia ter sempre um séquito de seguidores do sexo feminino. Como já vimos, Crowley prestou serviços durante a guerra, mas ele também ofereceu diretamente a Churchill um método mágico e infalível de acabar com a guerra; infelizmente, Churchill recusou a oferta dele.

Existem ligações conhecidas entre Fleming e Crowley e, na minha opinião, há também vínculos desconhecidos. Quantas pessoas registram ao longo de um dia, semana, mês ou ano os encontros que têm com cada pessoa? Esses vínculos, pressupostos ou efetivos (sejam eles as ligações com a livraria de Watkins, o cenário da Segunda Guerra Mundial ou o fato de freqüentarem as mesmas instituições), tornam-se mais profundos pelo uso de Crowley como um personagem físico para um dos adversários de James Bond. Eles são vistos ainda mais profundamente nas convicções que compartilhavam. Crowley, por exemplo, era iniciado no tantrismo, e Fleming era bastante conhecido pelas suas técnicas sexuais peculiares (alguns talvez as considerassem pervertidas). O tantrismo é uma cosmogonia sexual, a união entre o masculino Mahakala e o feminino Kali. Juntos eles criam a grande verdade, a união criativa que dá origem a Brahma. Essa linguagem esotérica era e é praticada fisicamente, e o adepto aparentemente se tornava um amante mais sensual e também vampírico — algo de que aqueles que estavam envolvidos com o tantrismo eram freqüentemente acusados. Essa era a força da dissolução, da fragmentação ou da desestabilização como a redução alquímica. Devido a essas associações, o tantrismo transmite uma imagem claramente negativa, e no entanto ele é extremamente poderoso. A mulher desnuda é pakriti encarnada (neutralidade) e deve ser venerada como o segredo da própria natureza. A união do macho com a fêmea é o ato mais sagrado.

Pedi a um dos principais especialistas em Crowley da atualidade, O. H. Krill, uma declaração sobre como ele encarava Crowley e as suas ligações com Fleming. Eis o que ele respondeu, reproduzido exclusivamente com permissão:

> Crowley é o mais incompreendido de todos. O único verdadeiro segredo que a Golden Dawn tinha era o de que o nível orgástico deve ser usado para criar e conjurar. Num grau maior ou menor, eles não eram verdadeiros magos e não se esforçavam realmente para alcançar as suas metas, motivo pelo qual ele os abandonou indignado. Nenhuma dessas organizações ou grupos está à altura de Crowley, o verdadeiro

enigma dos tempos modernos. Com referência ao tantra, era isso que Crowley, o mago, estava realmente fazendo em contraste com o Tantra [sexo], que é mais para os insaciáveis buscadores do prazer. Crowley não era assim, embora ele tenha sucumbido às drogas no final, mas somente por estar em busca de algo mais. Ele nunca desperdiçou o seu tempo e energia, sempre se esforçando para fazer a coisa seguinte acontecer, o nível seguinte de si mesmo. Ele costumava escalar enormes montanhas pelo amor de Deus, e ninguém menciona esse fato; ele era um exímio alpinista, excepcional mesmo. Fleming de fato (...) utilizou certos mecanismos de invocação de Crowley para ajudar a criar personagens e histórias. Muitos outros grandes realizadores provavelmente também recorreram às idéias de Crowley. Entre outras coisas, Crowley também era membro da Ordem Rosa-Cruz. Uma vez mais, as pessoas nunca mencionam isso, SOMENTE os tablóides da época, o jornalismo sensacionalista. É por esse motivo que Crowley não se preocupava nem um pouco com as pessoas; ele tinha esse poder sobre elas porque podia jogar o jogo delas e não se importava de qualquer modo. Ele era culpado de se divertir com alguns seres humanos indolentes, que eram alvo do seu maior desprezo.

Maxwell Knight

Charles Maxwell Knight nasceu em Mitcham, Surrey, em 1900. Ele passou algum tempo na Marinha Real e é famoso pelas suas idéias de direita. Em 1924, ingressou na British Fascisti — uma organização criada para se opor ao Partido Trabalhista –, na qual teve uma rápida ascensão e logo tornou-se chefe do serviço de inteligência. Esse trabalho fez com que ele chamasse a atenção de Vernon Kell no MI5. Em 1925, Knight foi recrutado para trabalhar para o Departamento de Serviço Secreto, sendo nomeado encarregado pela B5b, a unidade responsável por controlar a subversão política. Nos anos seguintes, escreveu dois romances de suspense, tocou bateria em um conjunto de jazz e foi membro da Royal Zoological Society, além de recrutar numerosos jovens espiões para o grupo. Ian Fleming foi um dos seus agentes, e acredita-se (porque tem sido difundido) que o código "M" baseie-se em Maxwell. Outro agente que Knight contratou foi uma mulher, Joan Miller, membro de várias organizações de direita e anti-semíticas. A autobiografia de Miller foi publicada em 1986, pela sua filha, contra a vontade do MI5, com o título *One Girl's War: Personal Exploits in MI5's Most Secret Station*. Na obra, Miller enfatiza os eventos ocultistas e as façanhas sexuais dentro do serviço secreto.

Ela afirmou que a primeira mulher de Maxwell Knight morreu no Overseas Club depois de um bizarro acidente das ciências ocultas envolvendo o infame Aleister Crowley, mas não se aprofundou muito na questão. A magia negra, disse Miller, não exercia nenhum fascínio nela, mas aceitou o interesse de Knight por esse tipo de magia, esperando que fosse apenas por razões acadêmicas. Aparentemente, quando Miller

Maxwell Knight

rasgou uma fotografia de Crowley que Knight havia guardado por considerá-la agourenta, Knight simplesmente teria respondido com uma risada.

É compreensível que, durante a Segunda Guerra Mundial, os alemães acreditassem que o Serviço de Inteligência Britânico estava sendo dirigido por grupos ocultistas, e Himmler até mesmo designou a Ordem Rosa-Cruz como o principal grupo por trás do MI5. Também é compreensível que elementos rosacrucianos aflorassem o tempo todo na vida de Ian Fleming, se de fato os serviços secretos estavam estreitamente relacionados. De acordo com o autor Peter Levanda no livro *Unholy Alliance*, Maxwell Knight era, de fato, discípulo de Crowley, e o relato autobiográfico de Miller parece corroborar essa afirmação. Sempre foi o caso, e também o foi na época do Dr. John Dee, que os serviços secretos e as sociedades secretas estivessem associados; parece que isso era verdade na época de Fleming, o que deve, portanto, tê-lo influenciado.

Segundo Michael Howard,[102] Maxwell Knight recorreu a Crowley para obter mais informações, tendo declarado que Crowley era aparentemente semelhante a um lente de Oxford. Embora Knight e o amigo de Fleming, o autor Dennis Wheatley, tenham afirmado que o interesse em Aleister Crowley era puramente acadêmico, os fatos jamais serão conhecidos. Dennis Wheatley de fato ganhou muito dinheiro escrevendo livros sobre as ciências ocultas e a magia, mas o mesmo não aconteceu com Maxwell Knight. Acredita-se também que o último tenha se manifestado abertamente contra envolver Aleister Crowley no caso Hess, por motivos que desconhecemos.

As circunstâncias precisam falar por si mesmas, porque nenhuma das principais personalidades expressa a mesma opinião, e isso quando se manifestam. O Serviço de Inteligência Britânico estava sufocado por pessoas envolvidas com as ciências ocultas, e até mesmo os alemães acreditavam que sociedades secretas estivessem envolvidas com os membros da Ordem Rosa-Cruz (ver o Apêndice A). Pode haver mais de uma razão para Ian Fleming ter ingressado no SIS no início da guerra, e essas razões podem, de fato, ter sido a sua associação com as sociedades secretas e o seu conhecimento do mundo do ocultismo.

Outras personalidades

Durante o tempo que passou no internato em Durnford, perto de Swanage, Ian Fleming declarou que se tornara profundamente interessado e influenciado por personalidades como John Buchan, que escreveu *39 Steps*. É de conhecimento geral que Buchan se interessava pelo ocultismo e pelo misticismo, e na sua obra *Pilgrims Way* ele fala da uma revelação que transcende a expressão humana e de como ele sentia o universo como sendo Uno. Uma linguagem mística e métodos codificados podem ser detectados nas suas inúmeras obras, e é possível que Fleming os tenha compreendido posteriormente.

Edgar Allan Poe

Outra influência foi a de Edgar Allan Poe, que foi chamado de Gnóstico Americano pelo autor Harold Bloom devido às suas inclinações metafísicas e místicas. Poe também exerceu uma grande influência no criador de Sherlock Holmes, *Sir* Arthur Conan Doyle, o qual, por sua vez, influenciou Fleming. Durante o período que passou em Durnford, Fleming também mencionou a sua paixão por Robert Louis Stevenson, o famoso autor da obra *Dr. Jekyll and Mr. Hyde*, a qual, é claro, é uma analogia gnóstica maniqueísta do começo ao fim — colocando em palavras o conflito interior entre a luz e as trevas existente dentro de todos nós. A maneira como esses conceitos supostamente heréticos eram comuns no final do século 19 e no início do século 20 é pouco compreendida, e foi nessa era literária e de inclinação mística que Ian Fleming vicejou.

A esta altura já examinamos as vastas influências que sabemos ter afetado Ian Fleming. Um grande número de elementos deixou de ser registrado, e estou certo que, com o tempo e com a morte de certas pessoas, mais informações virão à tona. Concluir que Fleming era membro de uma sociedade secreta específica como a Fraternidade Rosa-Cruz é difícil, mas a inferência está definitivamente presente com os seus numerosos contatos e vínculos. O único elemento que nos resta agora é verificar alguns dos códigos que Ian Fleming inseriu nos seus romances de James Bond.

Capítulo 11

O Código de James Bond em Nomes

Ao longo de todo este livro, examinamos as influências que afetaram Ian Fleming. Vimos como os antigos conceitos gnósticos místicos influenciaram os temas abrangentes das suas tramas, e como os conceitos psicanalíticos foram introduzidos nos seus livros de James Bond como métodos de auto-ajuda e possivelmente de passar adiante a tocha de luz. Ocasionalmente, fiz uma alusão ou expliquei o significado por trás de certos nomes. Este capítulo, que é o último antes da minha conclusão, faz um resumo desses nomes e de outras coisas, e dentro dos significados veremos o Código de James Bond em ação.

Mr. Big

Um dos cognomes de Mr. Big é Gallia, que é o nome de uma substância metálica descoberta pelo alquimista francês do século 19 Paul

Emile Lecoq de Boisbaudan, cujo significado é "França" do latim *gallus* para "le coq" (o galo canta ao nascer do Sol) — ele designou a substância em sua própria homenagem, embora, por razões patrióticas, o tenha negado em 1877. Ele também era conhecido (no filme) como *Kananga*, um termo vodu e angolano para "água usada para purificar".

Mr. Big era, de fato, a nêmese tanto de James Bond quanto de Fleming, vivendo um estilo de vida quase exatamente oposto, e no entanto sofrendo da mesma doença de Fleming: "Ele não bebia nem fumava, e o seu único calcanhar-de-aquiles parecia ser a doença crônica do coração que tinha, nos anos mais recentes, conferido um tom cinzento à sua pele" (*Live and Let Die*).

Mr. Big era o lado sombrio da luz de James Bond: "Tivera início o rumor de que ele era o Zumbi ou cadáver ambulante do próprio Barão Samedi, o temido Príncipe das Trevas" (*Live and Let Die*).

Barão Samedi

Em *Live and Let Die*, Mr. Big dirige o culto do Barão Samedi: "Ele é (...) o chefe do culto da Viúva Negra e acreditava que esse culto era o próprio Barão Samedi". Com um nome que significa simplesmente "Barão Sábado", Samedi é um dos Loa ou espíritos do vodu, freqüentemente chamados de mistérios ou invisíveis, semelhantes aos anjos do cristianismo. Eles também são estranhamente conhecidos como *Bondye* ("bon Dieu" ou "bom Deus"), que existem entre a humanidade e o criador. Eles vivem no mundo crepuscular entre o estado desperto e o do sono, entre este mundo e o próximo, e em *Live and Let Die*, "esse culto acredita que Mr. Big seja o próprio Barão Samedi". Isso coloca a nêmese de Bond, e portanto de Fleming, entre ele mesmo e Deus, e ele precisa superar esse aspecto a fim de alcançar o Divino. Na realidade, existem vários Loas, mas Fleming escolheu Samedi entre eles todos, como se houvesse algo reconhecível a respeito dele, o que pode ter sido o seu traje específico de smoking preto ao estilo de James Bond — vestido para a morte. Samedi também é um Loa muito sexual, com grandes símbolos

Barão Samedi

fálicos usados para representá-lo enquanto ele se posta na entrada da esfera seguinte — preenchendo a lacuna.

Hugo Drax

Em *Moonraker*, Fleming lança o seu herói contra Hugo Drax, um milionário que venceu pelos próprios esforços. Essa situação, é claro, é completamente oposta à de Fleming, que nunca realmente precisou de dinheiro, mas ao mesmo tempo precisava dele para provar o seu valor à mãe esperançosa. Drax possui todas as características odiosas do caráter de Fleming: destruído e destroçado pelo desejo de agradar à mãe, impressionar os amigos e ser alguém, em vez do irmão mais novo de um escritor famoso e filho de um herói.

A etimologia de Hugo revela que o nome é uma forma de Hugh, que é a palavra teutônica para "coração", "mente" ou "espírito". Drax é uma forma de dragão. Originalmente ele era conhecido como Graf Hugo von der Drache, o que indica uma linhagem alemã nobre. Desse modo, Fleming está insinuando que Hugo Drax pertence à nobre ordem do dragão, uma antiga ordem arraigada na crença gnóstica semelhante à dos templários, e que ele está do lado "errado" — alemão, de onde se originaram as influências como as da Ordem Rosa-Cruz e da Golden Dawn. Existe também aqui um elo com o nome de *Dangerman* de Patrick McGoohan, a série de espionagem que deu origem a *The Prisoner*, a qual por sua vez estava repleta de inferências esotéricas, alquímicas e ocultas, e, é claro, satirizava sutilmente James Bond. O principal personagem de *Dangerman* é considerado pela maioria dos fãs de *The Prisoner* como sendo o mesmo personagem do Número 6, embora em *Dangerman* ele receba um nome: John Drake (drake é "dragão").

Auric Goldfinger

O rival de James Bond em *Goldfinger* é Auric Goldfinger. Não precisamos ir longe com esse nome para perceber as não tão sutis referências alquímicas. *Auric* é na realidade um termo usado pelos alquimistas para o ouro fabricado a partir do chumbo, a substância divina a partir do material sem valor. Goldfinger é, claro, um nome composto de *gold*, ouro, e *finger*, dedo, e era de origem judaica. Era o dedo que podia se transmutar ou o dedo transformado em ouro por estar sendo usado o dia inteiro no trabalho. Temos aqui uma tradição de centenas de anos, pois os judeus e a sua cabala mística foram freqüentemente culpados de ter introduzido a alquimia na Europa. É o tolo e o trapaceiro que acredita que o ouro verdadeiro pode ser fabricado a partir da matéria-prima, e Goldfinger é revelado como o tolo e o trapaceiro por James Bond em inúmeras ocasiões por esse tipo de engodo.

Ernst Stavro Blofeld

Na qualidade de nêmese de James Bond, Blofeld também é a nêmese de Ian Fleming, e este torna esse ponto óbvio quando confere a Blofeld a mesma data de nascimento que a sua: 28 de maio de 1908. Blofeld é até mesmo um especialista em engenharia e rádios, tendo estudado no Instituto Técnico de Varsóvia, algo em que o próprio Ian Fleming se revelaria inútil. O nome Blofeld significa "campo azul", um comentário ferino sobre o seu próprio sangue azul abundante na área, como a heráldica.

No início da Segunda Guerra Mundial, Blofeld atua como espião para os alemães, assim como Fleming o fizera para os britânicos, e Blofeld tem uma rede de espiões, que ele chama de Tartar, por causa do Inferno grego. Blofeld monta depois da guerra a hoje famosa agência SPECTRE, e começa em Thunderball a roubar duas ogivas nucleares do governo britânico a fim de extorquir cem milhões de libras. Blofeld é de fato uma ameaça tão grande para James Bond que chega a matar a esposa do nosso herói, Tracey.

O nome também é revelador sob um aspecto psicológico. *Ernst* significa "sincero" em teutônico, e *Stavros* é "vencedor" em grego, de modo que ele é o "sincero vencedor". Em *Thunderball*, Blofeld é ajudado pelo subalterno Emilio Largo, cujo nome significa "bajulador ambulante".

Na condição de criador da SPECTRE, Blofeld é na realidade o espectro de Ian Fleming que avulta constantemente na sua mente dividida.

Marc-Ange Draco

O pai de Tracey (Teresa) Bond (e, portanto, o sogro de James Bond), Marc Draco era o chefe de um poderoso sindicato do crime na Itália, e Bond usa esse contato para chegar à sua nêmese, Blofeld. Draco, é claro, é "o dragão", de modo que ele é a "marca do dragão". Por conseguinte, James Bond se casou com Tracey (nascida Teresa) Draco — o dragão fêmea. Isso inacreditavelmente segue a tradição para o homem ao estilo do salvador de épocas passadas, como mostrei em outros livros. O Rei Artur do mito inglês era o Pendragão e casou-se com a Rainha das Serpentes, Guinevere, assim como Salomão iria se casar com Sabá, a Rainha das Serpentes. Adão é o consorte de Eva, cujo nome significa "serpente fêmea", e esse padrão é encontrado em todo o mundo como uma união da sabedoria e do poder da serpente/dragão. Fleming não apenas está revelando o quanto é letrado, como também está mostrando o seu conhecimento do suposto fogo da serpente ou fogo solar dos alquimistas. Segundo os nossos ancestrais, a verdade, a iluminação e a descoberta do eu só serão reveladas por meio da união das energias gêmeas serpentiformes — símbolos de energia física e processos psicológicos internos de redução e renascimento, de equilíbrio e sabedoria.

Scaramanga

Este é "O Homem com a Pistola de Ouro", que tem três mamilos e foi interpretado magnificamente por Christopher Lee (parente de Ian Fleming e de linhagem real) na versão do cinema. Uma vez mais, esse assassino é uma nêmese de James Bond com estilo e desenvoltura, de modo que não causa surpresa descobrir que o seu nome encerra um significado mais profundo, independentemente do desgastado antigo raciocínio "convencional" apregoado por Fleming. Scara significa "para dentro" em etrusco, italiano e francês, e manga é uma "caricatura", de modo que Scaramanga é uma "caricatura do que está do lado de dentro". Trata-se de uma incrível utilização da etimologia que Fleming obviamente teria tido cautela em revelar, já que a caricatura era da sua própria escuridão.

Descobrir o que está do lado de dentro e em seguida agir contra os elementos negativos, opressivos, de si mesmo é exatamente o trabalho dos alquimistas e filósofos. James Bond precisa tomar essa sombra de si mesmo/Fleming — um assassino digno — e destruí-lo.

Outro significado de *Scaramanga* também é bastante revelador: em italiano, o *scaramangum* é na realidade um "manto que cobre o corpo inteiro", e por conseguinte Scaramanga também significa "disfarçar-se".

Miss Solitaire

Solitaire é a cartomante precognitiva versada na leitura das cartas do tarô que trabalha para Mr. Big em *Live and Let Die*. Ela é a representação do lado espiritual de todos nós, que precisa se unir ao lógico. Ela é solitária porque o ser perverso — Mr. Big — recusa-se a permitir a união sexual com medo de perder o poder. Isso é verdadeiro com relação a todos nós, e é algo a respeito do que Fleming falou abertamente. Ao se unir ao princípio feminino, James Bond está efetivamente quebrando o encantamento desagregador de Mr. Big, alcançando, portanto, o sucesso.

Felix Leiter

Felix Leiter é o agente da CIA que ajuda Bond em várias ocasiões. Leiter é de origem germânica, e significa "líder", "escada", "condutor" ou "gerente". Felix é "afortunado" ou "feliz" em latim. Felix Leiter é, portanto, o líder ou auxiliar feliz.

Vesper Lynd

Vesper Lynd é a agente dupla russa enviada para estragar a festa de James Bond em *Casino Royale*. Vesper é a "estrela vespertina", do proto-indo-europeu *wespero* para "período da tarde", e deu origem ao termo *vésperas*, referente às orações realizadas nesse período. Lynd encerra vários significados, entre eles "primavera", "pássaro", "limoeiro" a "dar à luz". Vesper Lynd parece, portanto, significar o nascimento da primavera — é o período do crepúsculo, do nascimento da noite, quando surgem as trevas.

Gettler

Gettler é um agente da SMERSH que finalmente alcança Vesper Lynd em *Casino Royale* e a apavora de tal maneira que ela comete suicídio. O que esse homem tem de tão assustador? Talvez o nome, que significa "Deus".

Tiffany Case

Tiffany Case é a Bond girl em *Diamonds Are Forever.* Tiffany deriva do grego *Theophania* e significa simplesmente "manifestação de Deus". No conjunto, a etimologia de Tiffany Case é algo semelhante à "manifestação de Deus caída abaixo", onde *case* do francês antigo, do latim e do proto-indo-europeu, significa "cair".

Darko Kerim Bey

Visto em *From Russia With Love* como o chefe do Serviço Secreto Britânico na Turquia, o nome significa "presente" (darko), "grande maravilha" (kerim) e "aquele que detém autoridade" (bey).

James Bond

Por que Ian Fleming escolheu esse nome comum para um espião extraordinário? A história oficial diz que Fleming estava lendo um livro sobre a observação de pássaros de autoria de um tal de James Bond na época em que escreveu o seu primeiro romance; entretanto, devido ao fato de Fleming ter passado tanto tempo ocultando um significado por trás dos outros personagens dos seus livros, pode haver poucas dúvidas de que o nome do personagem principal também encerra um significado mais profundo.

Esse quebra-cabeça me incomodou durante algum tempo. Eu poderia pensar em vários significados. No entanto, certo domingo à tarde, decidi assistir a *Thunderball (007 — Contra a Chantagem Atômica),* com

O CÓDIGO DE JAMES BOND EM NOMES   181

Sean Connery, o primeiro 007 do cinema

Sean Connery no papel do herói. O filme começa com James Bond em um enterro, e temos diante de nós o monograma JB. Esse fato imediatamente me chamou a atenção porque esse é um monograma muito maçônico. Os maçons afirmam preservar os segredos do nosso passado secreto, e os seus maiores símbolos são os pilares gêmeos de Joaquim e Boaz, freqüentemente retratados como JB. Esses pilares gêmeos são provenientes do Templo de Salomão, e eram o portal de entrada do templo propriamente dito, ou seja, a pessoa tinha que passar por entre eles para ingressar no recôndito sagrado. Eles representam o perfeito equilíbrio e o estado neutro no qual precisamos nos encontrar para ter acesso ao verdadeiro Divino.

É claro que o nome contém outros elementos: James,[103] por exemplo, é o irmão de Jesus, e *bond* é outro termo para "aliança", como na Arca da Aliança ou Jesus como a "nova" aliança. O personagem de James Bond também tem uma cicatriz ou marca no ombro esquerdo, conhecida nos círculos esotéricos como a Marca de Caim, e é um símbolo do escolhido e também da serpente. James Bond é designado, recebe as iniciais e é perfeitamente marcado, como o faria qualquer especialista em escrita cifrada competente.

James Bond recebeu outro nome, quando renasceu ou ressuscitou em *You Only Live Twice*: Taro Todoroki, que significa "trovão primogênito", e o trovão é simbolizado pelo dragão em japonês, de modo que Bond é o dragão primogênito. Como vimos ao longo de todo este livro, o dragão, ou a serpente alada, foi utilizado no mundo inteiro por muitas razões, mas no Japão ele era um símbolo do bem, da força e do poder. Ressuscitar como o dragão primogênito era na realidade uma notável distinção alquímica.

Ao examinar a numerologia do nome, constatamos que James Bond é altamente sensível, promove a cooperação e a diplomacia, e faz com que todo mundo se sinta seguro e estimado. Flexível e apaixonado, o nome fomenta a adaptabilidade e a sobrevivência, mesmo na presença de poucas esperanças. O nome indica entendimento, compaixão e intimidade, e tende a obter apoio com tato e persuasão sutil em vez de pela força e pela confrontação. Por ter a capacidade intuitiva de evitar as crises incipientes e as ciladas, bem como um forte senso de equilíbrio, esse nome promove um cuidadoso e competente processo de tomada de decisão.

A marca de Caim e do xamã

Sabe-se que Deus colocou uma marca em Caim para estigmatizá-lo por ter assassinado Abel e mentido. Isso faz parte do sistema de crença gnóstico que diz que Jeová não era o verdadeiro Deus, e sim Lúcifer. Um dos grupos que afirmaram ter marcado a si mesmos como um sinal de devoção a Caim foram os cainitas. Essa marca é uma continuação de um conceito mencionado entre os xamãs e videntes durante séculos, ou seja, que o verdadeiro adepto, ou aquele que poderia ter acesso ao Divino, estaria marcado, provavelmente na mão direita ou no ombro.[104] Alguns consideram a cruz vermelha dos templários, colocada sobre linho branco no ombro, uma recordação dessa marca de Caim, devido às suas crenças heréticas. Esses conceitos eram compreendidos tanto pelos rosa-cruzes quanto pelos maçons, ambos os quais influenciaram Fleming. Não é de causar surpresa que as características peculiares de James Bond sejam uma cicatriz vermelha no ombro esquerdo e no dorso da mão direita. A marca na mão foi feita em *Casino Royale* quando agentes da SMERSH libertaram Bond depois de marcá-lo com um S de "spy" (espião, em inglês). O S é cirílico, da linguagem de São Cirilo, um cristão devoto que se dedicou à busca da sabedoria celeste aos 7 anos de idade. Por conseguinte, James Bond porta o símbolo ou código de uma pessoa que está em busca da sabedoria celeste, desde a idade do importantíssimo número sete.

Q e 007

Com toda a certeza o Q corresponde a *quartermaster* (intendente, em inglês), o homem que providencia as ferramentas do ofício. Também é o termo dado às hipotéticas fontes primárias do Novo Testamento, do alemão *quelle*, que significa "fonte", e chamadas de "Documento Q". Esse conceito era novo na juventude de Fleming e foi se tornando mais popular à medida que ele foi ficando mais velho. Se Fleming via Bond como uma espécie de salvador, então Q seriam as suas fontes primárias*.

Outra interessante conotação é o coeficiente que os cientistas descobriram para as equações matemáticas da gravidade (a "coisa" que mantém a coesão de todas as coisas): "Q". Todas as maravilhosas novas descobertas na esfera da física de partículas e da astronomia estavam realmente decolando na época de Ian Fleming, e sabemos que ele conheceu Albert Einstein e ficou muito impressionado com ele. Isso teria sido até certo ponto uma coincidência se eu não estivesse lendo *Just Six Numbers* de Martin Rees para um documentário que eu estava preparando sobre física quântica. Os seis números mencionados são os que formam a natureza do nosso universo, e são esses números que foram formulados e descobertos predominantemente na época de Fleming. Se algum desses números estivesse em desarmonia — maior ou menor — mesmo que, muitas vezes, por apenas uma fração, a vida não seria como a conhecemos; esses números são na verdade as forças profundas que dão forma ao nosso universo. Um desses números ou coeficientes é chamado Q (1/100000), mas existe outro que tem um relacionamento forte e indivisível com esse coeficiente, conhecido como ε. Eis um trecho do livro de Martin Rees:

> Explicar as proporções dos diferentes átomos — e compreender que o Criador não precisava girar 92 botões diferentes — é um triunfo da astrofísica. Alguns detalhes ainda são incertos, mas a essência depende apenas de um único número: a potência da força que une[105] as partículas (prótons e nêutrons) que formam um núcleo atômico (...) Então o combustível que alimenta o Sol — o gás hidrogênio no seu núcleo — converte 0,007 da sua massa em energia quando se funde em hélio. É essencialmente esse número, ε, que determina quanto tempo as estrelas podem viver.[106]

Inacreditavelmente, o que os cientistas descobriram foram dois números que ajudavam a unir o universo — a gravidade e ε — Q e 007!

Q era um coeficiente perfeito — a gravidade (embora fraca) mantendo todas as coisas no lugar. O ε como 0,007 não poderia ser 0,001 mais ou menos, caso contrário toda a vida poderia se desintegrar ou se comprimir numa bola pesada. Eles formam a união perfeita. "A efetiva combinação dos elementos depende de ε, mas o extraordinário é que nenhuma biosfera à base de carbono poderia existir se esse número tivesse sido 0,006 ou 0,008 em vez de 0,007".*[107]

Estaria Ian Fleming fazendo uma sutil pilhéria astrofísica? James Bond, como 007, era o número que "une"; um número usado pelo Dr. John Dee, um matemático, alquimista e astrônomo — um astrofísico do século 16. Existe outra coincidência peculiar, e quando temos um excesso de coincidências temos que perguntar: serão todas elas acidentais? A coincidência nesse caso é proveniente da série da televisão chamada *The*

Albertus Magnus

Prisoner, que mencionamos no Capítulo 7. Um dos famosos elementos desse programa era o conjunto de símbolos e o estilo dos caracteres, ou fonte. Era uma adaptação de uma fonte designada Albertus, alterada de acordo com a "predileção" de McGoohan e renomeada Village. Albertus recebeu o nome em homenagem ao alquimista Albertus Magnus. As mudanças sutis, praticamente indiscerníveis para a maioria das pessoas, giram em torno desse E, que foi modificado para formar o símbolo do número 0,007. Eis como o título aparece na fonte Village:

The Prisoner

Repare que o E encontra-se agora na fórmula grega*. Como *The Prisoner* surgiu depois que James Bond foi criado, e como a série não pode ter influenciado Ian Fleming, a inferência é que o E pode ter influenciado Patrick McGoohan, que criou, escreveu e estrelou na série, e que sempre permaneceu calado e misteriosamente presunçoso a respeito do verdadeiro significado por trás do programa. McGoohan foi convidado para interpretar James Bond, mas recusou, afirmando ter problemas pessoais com um dos membros da equipe.

Apêndice A

Glossário

Muitos dos termos utilizados em todo este livro (e outros não utilizados, mas mesmo assim relevantes) podem proporcionar uma compreensão melhor de quem e do que somos, bem como dos antigos conceitos mencionados por Ian Fleming e das pessoas que o influenciaram. Os termos que se seguem são definidos aqui como recursos e orientações para essa compreensão mais profunda.

Ablução

Um termo alquímico para lavar um sólido com um líquido. Entretanto, o verdadeiro significado é purificar-nos das coisas que causam sofrimento, como o desejo ou o ego.

Agartha

Esta palavra tibetana significa "o reino subterrâneo situado no centro da Terra, onde reina o rei do mundo". É usada amplamente para indicar o verdadeiro centro. É um recurso utilizado pelos seguidores da experiência da iluminação para o aspecto central necessário para alcançar a iluminação.

Alkahest

Este é o termo alquímico para o poder que vem de cima e permite ou torna possível a transformação alquímica. Às vezes traduzido como "solvente universal", é o conceito de transmutar os elementos materiais (ou mentais) nas suas formas mais puras. Trata-se, em essência, do conceito de revelar a natureza oculta e verdadeira da humanidade, que é o verdadeiro "ouro" desses filósofos arcanos.

Alquimia

Al ou *El* é "Deus" ou "Reluzente". *Khem* ou *Chem* deriva do radical grego *kimia*, e significa "fundir". Por conseguinte, *alquimia* significa "fundir-se com Deus ou o Reluzente" — ser iluminado.

Basicamente era um disfarce para as tradições orientais, que eram diametralmente opostas à Igreja de Roma, sendo, por conseguinte, heréticas. Essa é a razão para o óbvio cruzamento de significado oculto por trás da linguagem sutil dos alquimistas. Ela foi trazida para a Europa através dos ensinamentos de Geber (Jabir ibn Hayyan, 721-815 d.C.), entre outros. Mais tarde, o psicanalista Carl Jung chegaria à conclusão de que as imagens alquímicas que ele via surgir dos sonhos e pensamentos dos seus pacientes explicavam as origens arquetípicas da mente moderna e dava ênfase ao processo da transformação.

Anima e Animus

Termos criados pelo psicólogo Carl Jung, que se originam do termo dos alquimistas para a alma. A anima é a natureza feminina do homem, e o animus é a natureza masculina da mulher. Era o conceito da natureza bissexual de todos nós de Jung, e um reflexo do "fato biológico que é o maior número de genes masculinos (ou femininos) que é o fator decisivo na determinação do sexo".[108]

Ele acreditava que a anima e o animus se manifestavam como arquétipos no estado de sonho ou de fantasia, onde os sentimentos do homem eram o seu lado feminino e os pensamentos da mulher, o seu lado masculino.

Arquétipo

Tendo aparecido já em meados do século 16, a palavra *arquétipo* deriva do latim *archetypum*, do grego *arkhetypon,* e significa "o primeiro a ser formado".

O arquétipo psicológico (em contraste com o científico) é o impulso genérico, o objeto ou conceito idealizado. As palavras *estereótipo* e *epítome* são freqüentemente empregadas como exemplos do arquétipo simplificado. É a definição de uma personalidade; por exemplo, Papai Noel é um arquétipo visto em muitas culturas com diferentes nomes e aparências — todos relacionados com um único conceito arquetípico fundamental.

Os arquétipos são usados para analisar as pessoas, para averiguar as suas realidades internas, ou seja, para verificar o que está acontecendo dentro dos seus estados inconscientes. A razão pela qual isso alcança tanto êxito é o fato de que os arquétipos parecem ser partes universais da mente humana inconsciente — manifestados de várias maneiras, como nas figuras salvadoras de Cristo ou Hórus. Esses arquétipos estão dentro de todos nós porque se desenvolveram ao lado da nossa consciência e interpretações conscientes do mundo que nos cerca — eles fazem parte de toda a vida evolucionária humana da mesma maneira que um braço ou uma perna.

Com freqüência esses arquétipos se manifestam em histórias, fábulas, mitos e, hoje em dia, na ficção popular. Na realidade, quase todas as figuras arquetípicas modernas, como Robin Hood ou o Super-Homem, podem ser encontradas em narrativas paralelas com milhares de anos de existência. A mais popular dessas figuras é o herói, uma história relacionada com a divindade solar e a capacidade de ressurreição do Sol.

Atmã

Essa é a verdadeira realidade interior, o elemento do Espírito ou do "Filho do Deus" que existe dentro de cada um de nós. Os alquimistas dizem que o Atmã não morre, os seus dias não terminam e ele é absolutamente perfeito.

Baqa'

Um termo sufista que se refere ao Divino Atributo da eternidade. É o oposto do Fana' ou da Extinção. Quando o sufista alcança o estado do Fana' ele está deixando a si mesmo para trás, quando então apenas o Eu Divino permanece.

Bipolar

Conhecido muitas vezes como distúrbio maníaco-depressivo, pode causar variações de humor e extremos de energia. Esses sintomas da pessoa bipolar são mais graves do que as variações de humor que a maioria das pessoas tem, e com freqüência resultam no rompimento de relacionamentos, na perda do emprego e no desempenho insatisfatório. O distúrbio bipolar começa tipicamente na adolescência ou no início da idade adulta, embora nem sempre seja esse o caso. A não ser que o problema seja adequadamente diagnosticado, a pessoa freqüentemente não tem consciência da existência dele.

Consciência

A consciência é o estado no qual nos encontramos agora, porque estamos atentos e percebemos as coisas. Quando deixamos de perceber as coisas ou os pensamentos, estamos inconscientes — embora o nosso estado inconsciente possa muito bem saber o que está acontecendo à nossa volta. O estado consciente é que pressupomos ser o nós, o verdadeiro eu e você, mas essa é apenas um lado da moeda, porque o restante do nosso eu verdadeiro está oculto dentro do mundo inconsciente. Quando pensamos em quem nós somos, imediatamente pressupomos que se trata da pessoa que contemplamos no estado consciente. Usando arquétipos e associações descobertas nos sonhos, os psicólogos entram em contato com a parte oculta da nossa mente. Alguns filósofos desmembram a consciência em experiencial (fenomenal) e consciência abstrata (de acesso).

A consciência é definitivamente parte da função cerebral, já que podemos perder membros e mesmo assim permanecer conscientes, mas a questão de se permanecemos conscientes depois da morte sempre esteve presente na mente dos grandes pensadores, os quais chegaram a poucas conclusões. Ao decompor a estrutura e as ações do cérebro, analisando-as de acordo com as ciências exatas, constatamos que ele é uma estrutura orgânica avivada pela energia eletromagnética de transmissões de ondas-partículas através das redes neurais. Ou seja, os nossos pensamentos conscientes e inconscientes são ondas e partículas criadas pela energia que escapa de um átomo e entra no seguinte. Na realidade, isso é idêntico à própria estrutura do nosso universo, de modo que os nossos pensamentos estão bastante em sincronia com o universo maior — conceito que o Professor James Gardner afirmou ser inteligente no nível subatômico. As ondas podem diminuir e se extinguir, mas as partículas não, e dentro dessas partículas de pensamento temos informações armazenadas durante a nossa vida inteira, que podem estar se entrelaçando com partículas no universo maior em uma "espiral de feedback de DNA". Em essência, pode ser que ainda seja encontrado na física quântica o que os filósofos têm procurado: a vida após a morte. (Ver o meu livro *Gateway to the Otherworld,* New Page Books, 2008).

Dharma

Dharma, uma palavra oriental, é a natureza mais profunda de todas as pessoas, sendo o verdadeiro Ser. É o significado da vida. O homem que não age de acordo com a sua plena capacidade não conhece o seu dharma.

Ego

Psicologicamente, o ego é a parte destrutiva de nós mesmos, causando o sofrimento por meio dos desejos, o que nos leva a tomar decisões a respeito da nossa vida que estão em desacordo com a realidade interna da divindade. Só podemos erradicar o ego (os nossos egos) se compreendermos o efeito que ele exerce sobre nós e os erros que cometemos por causa da força dele. Quando entendemos que temos o ego ou egos, podemos começar a removê-lo(los). Os budistas ensinam que precisamos nos libertar do sofrimento causado por esse elemento da nossa vida e nos indicam um Caminho Óctuplo para a Iluminação claro e definido (que é a liberação):

- ▶ Compreensão criativa.
- ▶ Boas intenções.
- ▶ Boas palavras.
- ▶ Sacrifício total.
- ▶ Bom comportamento.
- ▶ Castidade absoluta.
- ▶ Luta permanente contra os Magos Negros (alter egos)
- ▶ Paciência absoluta em tudo.

Siga esse caminho e liberte-se dos sofrimentos causados pelos opostos como as más palavras e obras, e ceder à impaciência.

Fana'

A morte do ego ou a extinção do eu, deixando para trás o Eu Divino, na tradição sufista. O elemento final de fana' é o fana' al-fana', que simplesmente significa "a extinção da extinção". Esse é o estágio no qual o sufista nem mesmo tem consciência de ter "se extinguido".

Haqiqah

A palavra sufista para "realidade interior", que tem origem no radical *al-haqq*, que significa "verdade". Por conseguinte, a nossa realidade interior é a verdade, e a verdade é a nossa realidade interior, o que só pode ser obtido pelo fana' ou a extinção do eu (ego).

Inconsciente

Temos muito pouco conhecimento do inconsciente, porque não temos consciência dele! Portais para o mundo do inconsciente, como foi ressaltado por Carl Jung e outros, são os sonhos e os sonhos lúcidos (ter consciência do sonho).

O que está contido dentro do estado inconsciente são as coisas que nós, enquanto indivíduos, captamos ao longo da nossa vida, e as coisas inerentes à mente do homem, adquiridas no decorrer de milhares de anos de evolução e relacionadas com o universo mais amplo. Esse elemento do nosso mundo inconsciente é onipresente e idêntico ao de outros; por conseguinte, reconhecemos esses arquétipos interiores quando expressos externamente pelo artista, músico, escritor ou orador. Os artistas e outras pessoas expressam essa impressão mística porque de algum modo (seja por meio de drogas ou de uma ligação mental especial com o mundo do inconsciente) eles entraram em contato com o "manancial". É assim que freqüentemente os xamãs, curandeiros, sacerdotes e profetas às vezes deram a impressão de "saber" tantas coisas o a respeito de nós mesmos e do nosso mundo.

Insan al-kamil

O homem perfeito, o ser puro e santo, ou o homem universal. Esse termo é usado no sufismo para aquele que é um ser humano plenamente realizado.

Jnana

Um termo sanscrítico que significa simplesmente "saber" e está relacionado com a gnose. Especificamente, o termo se refere à iluminação da consciência, ou sabedoria que vem do interior. A palavra tibetana equivalente *yeshe* significa "conhecer o conhecimento primordial que sempre existiu", o que revela o verdadeiro significado dos termos *gnose* e *jnana* como sendo a sabedoria humana inerente e interior que podemos encontrar ao erradicar o ego.

Mônada

"O eu", do latim *monas,* que significa "união", ou "uma unidade". O homem e a mulher são as manifestações físicas da mônada espiritual, e a mônada divina reside em cada um de nós como o Pai, o Filho e o Espírito Santo. Dizem que o objetivo da mônada é a auto-realização.

Monismo

A crença de que tudo no universo é feito da mesma coisa, e que metafisicamente todas as coisas são únicas e unificadas.

Nirvana

Palavra sanscrítica que significa "extinção". Não é o céu no sentido ocidental da palavra, e sim um estado de ser, livre de Kilesa (contaminantes da mente). Esses contaminantes não são apenas materialismos, mas também os pecados capitais como a luxúria, o ódio e a ira. Quando livre deles, a pessoa se encontra em um estado de bem-aventurança, e portanto de nirvana. Entretanto, essa liberdade precisa ser total e constante, o que é a esfera do nirvana, pois a liberdade transitória (voltar para Kilesa) não é o verdadeiro nirvana.

Buda disse que o nirvana era a imortalidade, e o estado mais elevado da existência, derivado do bem e da vida correta. O oposto de nirvana é samsara, que é ignorância ou o apego a Kilesa (os contaminantes) de acordo com o dharma.

Para os cristãos primitivos conhecidos como gnósticos, o nirvana não era diferente da verdadeira gnose ou conhecimento. Não é nem ir nem vir, nem para cima, nem para baixo, mas uma neutralidade perfeita e tranqüila, livre de todos os contaminantes.

Vestígios desse conceito podem ser encontrados emergindo da Índia para o pensamento semítico (e islâmico no conceito de Baga'), egípcio e, mais tarde, cristão no gnosticismo, e posteriormente na Europa medieval por intermédio da linguagem oculta dos alquimistas. A alquimia não dizia respeito a transformar chumbo em ouro e sim a eliminar os contaminantes da mente e emergir, como a fênix, em um estado de verdadeira iluminação. A alquimia era desaprovada por ser hostilizada pela elite dominante dentro da Igreja Católica; no entanto a sua continuidade era tolerada, pois aqueles que detinham a autoridade sabiam muito bem que o homem comum jamais entenderia a linguagem arcana.

Persona

Originária da palavra latina para "máscara", a persona é um personagem que a pessoa interpreta, e não o verdadeiro eu. Também é conhecida como o alter ego ("o outro eu" em latim). Apresentamos a nossa persona para o mundo como se ela fosse o nosso verdadeiro eu, e no entanto o nosso eu inconsciente e o nosso eu subconsciente compreendem que isso é uma mentira, de modo que torturamos o nosso eu interior com uma ilusão. Assumimos a persona de outros, como quando somos fortemente influenciados por uma pessoa que pode ser uma figura paterna ou materna, ou um herói arquetípico ao qual nos associamos. Essa é simplesmente a nossa maneira de lidar com o mundo, e deriva da própria evolução — a capacidade de aprendizado existente dentro de cada um de nós para sobreviver melhor. No entanto, esse impulso traz problemas, especialmente quando não percebemos o que estamos fazendo e, com o tempo, acabamos com um milhão de personas diferentes com as quais confundimos tanto o mundo exterior quanto a nós mesmos. As pessoas efetivamente acabam acreditando que a persona ou o personagem que estão interpretando é realmente elas mesmas, e perdem totalmente o contato com quem de fato são.

Psicose

Mencionei a psicose várias vezes neste livro, de modo que precisava incluí-la aqui porque ela pode ser erroneamente interpretada. Psicose é, na realidade, um simples termo genérico para um estado mental no qual o pensamento, a percepção e o raciocínio estão danificados. Episódios de psicose podem acarretar estados alterados de consciência, alucinações e sonhos lúcidos, bem como fazer com que as pessoas tenham crenças ilusórias. Desse modo, praticamente o mundo inteiro é psicótico.

Paradoxalmente, embora a pessoa que sofre de psicose tenha visões estranhas (e, por conseguinte, metade dos profetas da religião era psicótica) e estados alterados de consciência, ela deixa de ver e se recusa completamente a enxergar a qualidade estranha das suas ações e percepções. Isso demonstra uma total falta de discernimento, de modo que a afirmação que o "kundalini é iluminação" pode estar completamente errada, porque em vez de alcançar um estado iluminado afastado dos contaminantes da mente, a pessoa está na verdade se distanciando da realidade. Quase todos os psicóticos, bem como um grande número de pessoas que têm experiências psicóticas (ou kundalini esporádicas), acabam se distanciando dos outros na sociedade, e exibem um comportamento social defeituoso. Trata-se na verdade de uma grave doença mental e está associada ao distúrbio bipolar e à esquizofrenia. As pessoas psicóticas freqüentemente apresentam variações de humor, síndrome de perseguição e depressão, e as causas podem ser variadas, desde o uso excessivo de drogas e de álcool ao dano cerebral, e até mesmo o kundalini (um efeito eletromagnético, químico e biológico dentro do cérebro). Pesquisas demonstraram que as pessoas com tendência para a psicose exibem uma maior atividade no hemisfério direito do cérebro. Esse local é responsável pelas nossas emoções, convicções e um apego paranormal a explicações que outras pessoas consideram ridículas. Essa mesma atividade no hemisfério direito tem sido encontrada em pessoas que têm experiências místicas e relatam uma atividade paranormal com fantasmas e OVNIs. Pode ser simplesmente o caso que pessoas que têm pontos de vista diferentes da norma não sejam psicóticas, e sim que elas pensem usando o hemisfério direito e intuitivo em contraste com o hemisfério esquerdo lógico e organizado (usado para conceitos matemáticos).

Rosa-Cruzes

Os rosa-cruzes são uma fraternidade de acadêmicos, alquimistas e defensores do esoterismo que se formou no século 17 ou por volta dessa época. Eles se uniram informalmente, de modo que a lenda que cerca as suas origens e atividades é profunda. Em um pôster que apareceu em Paris em 1622 lemos o seguinte: "Nós, representantes do principal colégio dos irmãos da Rosa-Cruz, estamos tornando a nossa permanência ao mesmo tempo visível e invisível nesta cidade (...) a fim de afastar os homens, nossos iguais, do erro fatal".

Alguns viram nessa campanha uma declaração política, o que pode ser efetivamente verdade, porque as sociedades secretas quase nunca permanecem trabalhando exclusivamente com as almas, com freqüência emergindo em uma posição de poder. A fusão da sociedade secreta com o serviço secreto é, por essa razão, muito forte.

A breve história convencional da Fraternidade Rosa-Cruz é mais ou menos assim: em 1615 ou por volta dessa época, foram publicados três manifestos intitulados "Ecos da Fraternidade da Mais Louvável Ordem dos Rosa-Cruzes", "Confissões da Enigmática Fraternidade da Mais Respeitável Rosa-Cruz" e 'O Casamento Químico de Christian Rosenkreuz". Em 1710, Samual Richter havia organizado a primeira fraternidade dos Rosa-Cruzes Dourados, e nos séculos 19 e 20, os rosa-cruzes estavam se espalhando por toda parte.

Alguns acreditam que o alquimista Robert Fludd fundou a ordem a partir de uma declaração que fez em *Tractatus apologeticus integritatem societatis Rosae Crucis defendens*: "Elias ouve a voz de Deus como os rosa-cruzes vêem apenas o tesouro ao nascer do dia (...) Todos os mistérios da natureza estão abertos para eles." A lenda, contudo, nos diz que a ordem foi formada inicialmente por Christian Rosenkreuz.

O símbolo da ordem é uma rosa de sete pétalas e uma cruz (geralmente preta). As sete pétalas da rosa (o que nos faz lembrar do núme-

198 ◀▶ O CÓDIGO DE JAMES BOND

ro de James Bond, tanto como 007 quanto como 7777) representavam outra coisa relacionada com James Bond: o sigilo. A cruz simbolizava as tristezas e dificuldades da vida. No conjunto, poderíamos dizer que o próprio James Bond era um símbolo disso. Ele é o gêmeo, o alter ego, que lida com os segredos e tristezas do mundo. É pouco surpreendente que as influências rosacrucianas tenham se infiltrado nos romances de James Bond quando compreendemos as influências rosacrucianas sobre Ian Fleming desde os tempos mais remotos. Entretanto, Bond também é até certo ponto individualista, não é um participante de equipe, o que transparece repetidamente nos romances.

O verdadeiro segredo tanto para Jung quanto para Fleming seria encontrado na esfera inconsciente, e no *Casamento Químico Rosacruciano* ambos encontrariam a imagística por vezes traumática da magnum opus ou grande obra. No livro, o nosso herói, Christian Rosenkreuz, recebe informações de um anjo, e parte em uma busca. Ele passa por uma série de provas perigosas, sofre um "apocalipse" e renasce. Isso reflete os romances de James Bond, já que tanto as provas quanto a morte-renascimento são encontrados em quase todos eles, inclusive no "casamento químico", ou a união dos opostos, a fusão sexual que gera a nova luz.

Shari'ah

O oposto de Haqiqah na tradição sufista. Enquanto haqiqah é a realidade interior do eu, shari'ah é a realidade externa.

Sonho

O sonho é uma experiência de visões e sons durante o sono, e é um portal para o nosso eu inconsciente. No estado de sonho, freqüentemente temos experiências que seriam improváveis no mundo consciente, que envolvem arquétipos e representações de quem somos (ou acreditamos ser). O sonho lúcido, por outro lado, é a experiência consciente do sonho, e pode ser mais perturbadora ou, aliás, mais esclarecedora para a pessoa que está tendo a experiência. Muitos buscadores espirituais afirmam ter dominado o sonho lúcido, declarando com isso ter acesso ao outro mundo da mente e a uma esfera completamente diferente. Na realidade, os dois extremos, ou seja, que os sonhos são reflexos do nosso eu inconsciente ou que são espelhos para o mundo do divino, são aspectos compreendidos como gnose — a experiência mística do divino no eu.

Os sonhos são mecanismos poderosos para a mente. Eles nos ajudam a lidar com problemas que aconteceram durante o dia, e podem ser uma reestruturação dos trajetos neurais dos quais, às vezes, estamos apenas parcialmente conscientes — uma espécie de rearquivamento ou desfragmentação do disco rígido.

Alguns filósofos acreditam que o estado de sonho é o acesso ao passado da humanidade, pois a nossa história genética pode ser "relembrada" à medida que a nossa evolução avançava.

Supraconsciência

Um conceito que pressupõe que podemos ser mais do que apenas conscientes de nós mesmos, mas também conscientes da nossa ligação maior com o universo tornando-nos conscientes do nosso eu inconsciente. O processo da iluminação — o lampejo ofuscante de discernimento — está freqüentemente vinculado à superconsciência porque as pessoas afirmam ter intensos sentimentos de unidade com todas as coisas e um incrível conhecimento em um único momento no tempo. A não ser que seja adequadamente compreendido e abordado em um equilíbrio perfeito e todo-abrangente, esse elemento freqüentemente esporádico da mente humana pode causar tendências neuróticas e psicose, pois a pessoa deixa de se sentir uma parte da sociedade, sente-se divina, tem variações depressivas de humor e concentra-se inteiramente em reentrar no discernimento.

Apêndice B

Cobras e Serpentes

Ian Fleming utilizou o antigo e poderoso símbolo da cobra e da serpente nos seus romances. Mandou colocá-las nas paredes em Goldeneye, como afirmou Noel Coward. Fleming compreendia o mundo das ciências ocultas e da alquimia, e a sua utilização da serpente se origina de antigas fontes. Para um melhor entendimento do papel da serpente, incluí este apêndice para aqueles que não leram os meus outros livros sobre o assunto, a saber *Secrets of the Serpent, Gnose: A Verdade sobre o Segredo do Templo de Salomão* e *O Graal da Serpente*.

Ela é vista no céu e na terra, oculta na linguagem e olhando fixamente para nós nas páginas dos nossos livros mais profundos: a cobra. Neste apêndice, quero percorrer o mundo dos símbolos. Ao compreender o que muitos desses símbolos significam e o quanto eles são universais, seremos guiados neste mundo perdido do nosso passado. Começaremos com um símbolo da própria vida oriundo da mais famosa antiga civilização.

O Ankh

O Ankh é a Crux Ansata, uma simples cruz em forma de T, encimada por uma oval chamada RU, que é, em poucas palavras, o portal para a iluminação.

Esse enigmático símbolo do Egito representa a vida eterna e era freqüentemente encontrado no nome dos faraós, como em Tut-*ankh*-amun. O símbolo é com freqüência retratado como pertencendo a um deus que o oferece a um Faraó, conferindo vida a este último, ou como pertencendo a um Faraó que o oferece ao seu povo, conferindo vida às pessoas — o que basicamente separava os imortais dos mortais, já que ninguém que usasse ou carregasse um ankh havia alcançado ou esperado alcançar a imortalidade. Além disso, o faraó era considerado deus na Terra, de modo que detinha o seu próprio símbolo do Sol e da serpente para o seu povo — ele era o Sol, que nos dava a vida, assim como o faz na natureza.

É o círculo (o RU ou portal) em cima do Ankh que é levado pelos imortais às narinas (como na Bíblia, Deus sopra vida nas narinas de Adão). Se de fato esses "imortais" são o Sol, a Lua e as estrelas, então esse dispositivo RU é na realidade um portal para as estrelas — ou basicamente um portal para aquilo ao que supostamente retornávamos ou nos tornávamos depois da morte. O Ankh sobreviveu à dominação egípcia e era amplamente utilizado pelos cristãos como a sua primeira cruz, e este símbolo contém uma pista para o segredo da serpente.

Dizia-se que Thot simbolizava os quatro elementos com uma simples cruz, que se originava do mais antigo alfabeto fenício como a serpente enroscada. De fato, Fílon acrescenta que o alfabeto fenício "são aqueles formados por meio de serpentes (...) e as adoravam como os deuses supremos, os governantes do universo", nos fazendo pensar no deus Thot, que está igualmente relacionado com a veneração das serpentes e que criou o alfabeto. Os "governantes do universo" são na realidade os planetas e as estrelas.

A cruz T ou Tau tem sido um símbolo da vida eterna em muitas culturas, e dá o seu nome ao touro no signo astrológico do Touro — observe aqui os dois elementos do Tau e o RU sendo reunidos. Na verdade, os druidas (ou "adders",[109] por causa da cobra) veneravam a árvore e a cobra rabiscando a cruz Tau na casca das árvores. Na Idade Média, a cruz Tau era usada em amuletos para proteger quem a usava contra as doenças.

Entre os maçons atuais, o Tau tem muitos significados. Alguns dizem que ele corresponde ao Templus Hierosolyma, ou Templo de Jerusalém; outros, que significa tesouro oculto ou que quer dizer *Clavis ad Thesaurum*, "Chave do tesouro", ou *Theca ubi res pretiosa*, "lugar onde a coisa preciosa está escondida". Ele é especialmente importante na Maçonaria do Real Arco, onde torna-se a "Jóia do Companheiro", com uma serpente como um círculo sobre a barra transversal — formando o Ankh com a palavra *serpente* em hebraico gravada na posição vertical, e também incluindo o Tau Triplo — um símbolo para o tesouro oculto.

Ele também era o símbolo de Santo Antônio — que mais tarde se tornaria o símbolo dos Templários de Santo Antônio de Leith na Escócia. Santo Antônio viveu no século 4 d.C. e a instituição do monasticismo no Egito é atribuída a ele. Dizem que ele vendeu todos os seus pertences depois de ouvir a voz do Senhor e foi para as regiões inóspitas tornar-se um eremita. Nas suas viagens, aprendeu muito com vários sábios no Egito e formou um grande número de seguidores. Ele era intensamente tentado pelo demônio na forma de "coisas rastejantes" e serpentes (caos). Em um dos episódios, ele segue uma trilha de ouro em direção a um templo, que está infestado de serpentes, e o ocupa, precisando apenas de pão e água para se sustentar. Dizem que ele viveu 105 anos, e devido a essa longevidade foram-lhe atribuídos poderes de proteção. A Ordem dos Hospitaleiros de Santo Antônio, que mais tarde tomaria grande parte da riqueza dos templários, levou muitas das relíquias de Antônio para a França no século 11, embora se acreditasse que elas haviam sido secretamente depositadas em algum lugar no Egito logo depois da sua morte, tendo sido então depois levadas para Alexandria.

O Tau ou Taut simboliza os quatro elementos criadores do universo. Em seguida, o símbolo do sol/serpente foi acrescentado: um círculo simples ou a oval RU. Esse círculo sobre a cruz em T criou o ankh, o símbolo da eternidade. A cobra em um círculo mordendo a própria cauda simboliza o Sol e a imortalidade.

O símbolo da Lua foi adicionado a isso, transformando-o no símbolo de Hermes/Mercúrio, e mostrando a origem do caduceu/serpente. É compreensível que esse, o mais simples e perfeito dos emblemas simbólicos, tenha se tornado o símbolo dos cristãos primitivos; é compreensível que, embora não houvesse outros crucifixos com uma trave transversa, Cristo foi mesmo assim simbolicamente crucificado em um símbolo de vida eterna, um dos símbolos da serpente.

Esse símbolo tornou-se a marca ou sinal que distinguiria o crente para que fosse salvo. Em Ezequiel, essa é a marca que Deus reconhecerá, a marca na testa. A passagem em Ezequiel (9:4) deveria ser assim: "Coloca um Tau na testa deles" ou "Marca com a letra Tau a testa deles". Os cristãos primitivos faziam os seus batismos com a frase *crucis thaumate notare*. Batizavam com o símbolo do sol/serpente. E o próprio São Paulo em Gálatas 6:17 declara: "E que a partir de agora ninguém me cause problemas, porque trago no corpo as marcas de Jesus".

Essa é a marca original de Caim, que descobrimos pertencer à tribo da serpente?

O sinal ou marca é difundido: nas nossas bíblias modernas, eis o que lemos em Jó 31:35: "Assino agora a minha defesa; que o Todo-Poderoso me responda", quando a maneira adequada de redigir o versículo seria: "Vede, eis o meu Tau, que o Todo-Poderoso me responda". Ele prossegue então dizendo: "Por certo que o levaria sobre o meu ombro, e a mim o ataria como uma coroa".

Essa idéia extraordinária de usar a cruz Tau sobre o ombro se tornaria mais tarde uma parte integrante da marcação dos cruzados dos templários. Além disso, os merovíngios (considerados por alguns como descendentes de Jesus e de uma serpente marinha ou peixe deus — o Quinotauro ou Quino-Tau-ro), supostamente nasciam com uma cruz vermelha entre as omoplatas. A cruz Tau também é estranhamente usada por aqueles que praticam a geometria sagrada como uma marca para um tesouro enterrado, seja ele físico ou espiritual.

O Sistro

O sistro é um instrumento musical egípcio estreitamente associado às deusas, especialmente a Hathor, a deusa serpente/vaca, e Ísis, a consorte de Osíris. Na forma, ele é semelhante ao Ankh, com um círculo no topo — que também representa o ovo — e três serpentes arremetendo através do círculo com pequenos pedaços quadrados de metal que chocalham. É possível que essas três serpentes representem os canais nervosos pingala, ida e sushumna, que supostamente convergem e se fundem no centro do cérebro (o tálamo), o qual também se imaginava representar o ovo cósmico na pessoa.

Durante a ascensão dessas energias serpentinas pela coluna vertebral em direção ao centro da cabeça, a pessoa, enquanto passa por esse suposto processo de iluminação, ouvirá sons semelhantes aos que o sistro produz: sons chacoalhantes parecidos com os guizos do pandeiro e sons parecidos com os de um *bell-tree*.[110] A pessoa também ouvirá sons semelhantes a uma cascavel, bem como assobios e instrumentos como a flauta. Subjacente a esses sons existe um outro, forte e retumbante, que aparece gradualmente e depois vai ficando cada vez mais alto à medida que o processo continua, culminando em uma explosão de luz branca e luminosa no centro da cabeça. O sistro pode ter sido então um símbolo dessa experiência.

O sistro era usado em figuras e entalhes para mostrar os diversos deuses e faraós que conquistavam o poder de um deus particular — e principalmente porque o deus que segurava o sistro tinha o poder e a energia de fazê-lo por ter tido a experiência da iluminação — também representando o poder solar exteriorizado.

Os Pássaros

A associação entre os pássaros ou asas e a serpente parece recuar no tempo a muitos milhares de anos, bem como estar disseminada pelo mundo. Eis uma citação da obra *The Worship of the Serpent Traced Throughout the World*, de John Bathurst Deane:

O hierograma do círculo, das asas e da serpente é um dos emblemas mais curiosos da ofiolatria, sendo reconhecido, com algumas modificações, em quase todos os países onde prevalecia a adoração da serpente (...) Pode-se alegar que todos esses não podem ser reduzidos à serpente unialada depois de enroscados. Na sua forma atual, certamente não; mas é possível que essas possam ser corruptelas do emblema original, que só foi preservado com precisão na vizinhança do país onde existia a causa do culto da serpente, a saber, na Pérsia, que fazia limite com a Babilônia e a Média, os locais rivais do Jardim do Éden.

Deane relaciona esses muitos milhares de imagens da "serpente alada" aos Serafim da Bíblia, as "serpentes voadoras".

Essas também poderiam ser as origens dos dragões voadores, e o motivo pelo qual Quetzalcoatl era a serpente "empenada" ou "emplumada". A utilização (conferida por Deane) a esse simbolismo é para prova da divindade e consagração de um determinado templo. Se este for o caso, então certamente se acreditava que a antiga serpente havia consagrado templos ao redor do mundo. E se a serpente era um verdadeiro símbolo do Sol (externo) e a luz interior (interno), então ela era uma perfeita fusão da crença dos nossos ancestrais numa única localização num único momento.

A Pomba

A pomba é um importante ícone encontrado no Novo Testamento como um símbolo do Espírito Santo, ou aspecto feminino de Deus. Ela desceu sobre Jesus quando ele foi batizado, conferindo-lhe o famoso elemento do "renascimento". Ela também desceu sobre os discípulos. Mas por que a pomba foi escolhida?

Eurínome, provavelmente a deusa mais importante dos mitos pelasgos (um povo que chegou à Grécia, oriundo da Palestina, há mais de 5.500 anos), era a criadora, a Deusa Mãe, a governante de todas as coisas. Ela nasceu do caos; separou a água do céu e depois dançou através da água a fim de criar. Enquanto dançava, criou o vento ou o aleno, e, pegando-o entre as mãos, ela o esfregou sem parar até criar a cobra. Esta era uma cobra macho e foi chamada de Ofião, que ficou repleto de desejo pela deusa que dançava. Enroscando-se sete vezes na deusa, que agora assumira a forma de uma pomba, ele a fecundou, e criou um ovo.

Do ovo, surgiram todos os animais e plantas, e Eurínome ascendeu ao Monte Olimpo para observar os seus filhos se desenvolverem. A cobra macho Ofião vangloriou-se da sua criação, de modo que Eurímone destruiu-lhe os dentes, dos quais nasceram todas as pessoas, entre elas o primeiro homem, Pelasgo (semelhante a Adão), tendo sido de onde a tribo extraiu o seu nome. Em seguida, Ofião foi expulso do céu. A criação do mundo e tudo que ele contém deveu-se portanto, uma vez mais, à cobra e a uma deusa. Mas de que maneira essa deusa se relaciona com o pássaro?

Para os sumérios, uma das mais antigas civilizações, ela era simplesmente conhecida como Iahu, a "Pomba sublime". Esse culto de Eurínome se espalhara pelo Mediterrâneo e tornou-se a base de muitos outros mitos e religiões, entre eles o deus hebraico Jeová, adquirindo elementos do nome *Lahu*. Ela foi uma Deusa Mãe original, o aspecto feminino, e era vista como uma pomba. Unida à semente da serpente macho, ela deu à luz a criação.

O nó celta e outros símbolos

Devido à prevalência da serpente no mundo celta e nas culturas circundantes, na minha opinião o nó celta se origina das imagens da cobra e do movimento dos planetas.

Podemos perceber isso nas espirais e outras formas de serpente que podem ser vistas em um grande número dos antigos monumentos do mundo. A serpente também está presente na literatura e na arte da pedra escandinava, com uma aparência extraordinariamente semelhante à do nó celta. Nos afrescos gregos e romanos existem espirais consecutivas consideradas como simbolizando a cobra protetora.

Um vaso neolítico, hoje no museu de Henan na China, mostra uma clara correlação entre a idéia da cobra e o nó. A idéia do nó sendo originário da cobra foi provavelmente reprimida pela influência cristã.

Entre outros símbolos relacionados com a cobra estão a folha da hera, um símbolo de Baco/Dionísio, bem como da imortalidade. A forma da folha é semelhante à da cabeça da cobra, e a planta se entrelaça ao redor de colunas e árvores, da maneira como a cobra é mostrada fazendo nas imagens ao redor do mundo. Relacionada com essa imagem da folha da hera encontramos a forma do coração, que podemos ver em duas estatuetas japonesas de argila do período Jomon que têm esse tipo de cabeça cobra-coração. Muitas imagens do Buda também incorporam essa forma de cabeça hera/coração, que é uma maneira de suavizar e ocultar as imagens mais antigas das divindades Naga que tinham cabeça de serpente. Acreditava-se que essas formas de hera e de coração protegiam a pessoa que as usava ou o prédio que era adornado com elas, não sendo elas, portanto, nem um pouco diferentes do conceito da cobra protetora ou guardiã do folclore e da lenda. Elas simbolizam a cobra original, e assim permaneceram até que o cristianismo as demonizou.

Espirais e outros tipos de gravuras rupestres

As espirais e os entalhes de energia serpentina encontram-se no mundo inteiro, bem como o culto da serpente, e são sempre encontrados em associação com a veneração da serpente. De acordo com J. C. Cooper em *An Illustrated Encyclopedia of Traditional Symbols,* a espiral "representa o andrógino e está relacionada com o simbolismo do caduceu", o qual, é claro, é o símbolo da cura da serpente.

Ao recordar que o ouroboros, a imagem circular da cobra mordendo a própria cauda, é uma imagem da imortalidade, também devemos nos lembrar da antiguidade do conceito. Ao lado das espirais, freqüentemente encontramos círculos como o ouroboros, chamadas de "marcas de cálices e círculos". Existem também formas em ziguezague, consideradas por muitos como o aspecto flamejante da serpente, e ondas, que mostram a fluidez da serpente — algo também relacionado com o simbolismo da água. É compreensível que essas imagens da cobra, em todas as formas relativas, sejam vistas nas mais antigas gravuras rupestres. Nas marcas de cálices e círculos existem muitas imagens do que parece ser uma serpente entrando no cálice e nos círculos. Alguns atribuíram isso a uma serpente entrando em um buraco; outros acharam que ela está comendo um ovo. O que as imagens definitivamente mostram é uma serpente se encaminhando para um cálice! Se, é claro, a cobra também é o símbolo do macro Sol, então essas espirais e padrões serpentinos também podem revelar os trajetos do Sol em diferentes momentos do ano, e os anos maiores — como os da precessão da Terra.

As espirais têm sido associadas a alinhamentos astronômicos. Esse fato pode ser especialmente verificado na obra de N. L. Thomas em *Irish Symbols of 3500 BC,* na qual a espiral que se estende da direita para a esquerda é interpretada como o sol do inverno, a que se estende da esquerda para a direita como o sol do verão, e a dupla espiral como o equinócio da primavera e do outono. A partir do trabalho realizado por Thomas, existem poucas dúvidas de que isso seja verdade, mas o fato também permanece que os antigos usavam símbolos da serpente nos seus alinhamentos astronômicos. Isso se correlaciona com o fato de que a serpente era avistada no céu em várias constelações, e pela serpente abrangendo os céus. Os dois elementos não podem ser dissociados — essa era uma teoria da vida unificada, que foi criada, recebeu a vida e foi mantida fértil pela serpente e pelo Sol.

Na Eurásia e no Japão existem imagens claras e distintas de cobras retratadas como espirais. Nos artefatos de barro do período Jomon intermediário (aproximadamente em 2000 a.C.) do Japão, elas podem ser vistas claramente, e dizem que estavam presentes para proteger do mal o conteúdo do recipiente. Figuras de argila do mesmo período também exibem cobras enroscadas. Essas espirais se tornaram parte de insígnias de família, tendo sido transformadas com o tempo no símbolo yin e yang da dualidade tão popular hoje em dia. Esses símbolos de família são chamados *kamon,* e uma classe particular deles é chamada de *janome,* que significa basicamente "olho da cobra".

Os caracteres correspondentes a cobras em chinês tornaram-se parte do alfabeto há mais de 3000 anos. Outra idéia interessante a respeito da cobra da China é que dizem que o arco-íris é a cobra que ascendeu ao céu, semelhante à Serpente do Arco-Íris Australiana. Na realidade, o caractere chinês para *arco-íris* reflete essa posição, pois ele contém o símbolo da cobra.

Encontramos no Peru objetos de cerâmica com espirais com cabeças de cobra na extremidade.

Existe em Taiwan uma porta entalhada com espirais que terminam em cabeças de cobra.

A Suástica

O antigo símbolo da suástica é simplesmente uma espiral estilizada, como pode ser visto nas inúmeras representações de suásticas ao redor do mundo formadas por espirais e cobras. Ele também aparece na forma espiralada dos labirintos. A palavra *labirinto* deriva diretamente da antiga cultura cretense da Deusa Serpente Minóica, na qual a suástica era usada como símbolo do labirinto, estando etimologicamente ligada ao "machado de duas pontas" — a cruz Tau. Suásticas labirínticas semelhantes, datadas de 2000 a.C., foram encontradas na antiga cidade de Harappa. Como o labirinto é visto como o útero da Deusa Mãe, bem como um símbolo da cobra, deve causar pouca surpresa que esses dois símbolos tenham se fundido. Os labirintos também eram vistos como lugares da antiga iniciação da serpente. No antigo Egito, o labirinto era sinônimo do que era chamado de *amenti* — o caminho serpentino trilhado pelos mortos para viajar da morte para a ressurreição. Era Ísis, a rainha serpente do céu, que guiava as almas através dos contornos do amenti. O caminho em direção ao centro conduz ao tesouro. A cobra que adorna Atena na Grécia antiga é retratada com uma saia suástica. O mesmo é verdade com relação a Astarte e Ártemis. Existem cerâmicas mesopotâmicas da Samarra que datam de 5000-4000 a.C. que exibem uma suástica feminina, na qual o cabelo está enrolado com serpentes do tipo da Medusa. A suástica também é apresentada como duas serpentes entrecruzadas.

No mito nórdico, o martelo de Thor (repare que *labirinto* significa machado de duas pontas, exatamente como o Martelo de Thor!), Mjollnir, está estreitamente associado à suástica, sendo um tema proeminente na arte escandinava da Idade do Bronze à Idade do Ferro. Ele é encontrado nas espadas e nas urnas funerárias anglo-saxãs, bem como em numerosos objetos vikings. Ele era visto como uma proteção contra ladrões, recordativo do fato que se acreditava que as serpentes protegessem os tesouros. Como o martelo de Thor também era visto como uma cruz Tau, ele está certamente relacionado com os segredos da serpente. Ele era usado por Thor para remover a cabeça do boi sagrado, que ele usava como isca para capturar a Serpente Midgard, que rodeava o globo no símbolo do ouroboros, mordendo a própria cauda. Tratava-se de Thor oferecendo uma cabeça como sacrifício à serpente para tentar obter a imortalidade no hidromel — a bebida dos deuses. O objetivo de Thor era conseguir um caldeirão grande o suficiente para levar o hidromel para os imortais, e ele precisava provar o seu valor lançando a isca para a serpente.

Existem indícios que provam que os mitos desses escandinavos e os dos hindus estão relacionados, pois a história de Thor e da Serpente Midgard se assemelha bastante à batalha entre Indra e Vritra. Este último é a grande serpente que reside na nascente de dois rios (o positivo e o negativo, ou o masculino e o feminino), e a Serpente Midgard reside no fundo do mar (da mente e do outro lado do planeta para onde o Sol vai todas as noites). Indra abre o abdômen da serpente para liberar as águas e, portanto, devolver a fertilidade à terra. Os dois deuses, Indra e Thor, estão relacionados com as condições atmosféricas, ambos são deuses guerreiros tendo o raio como arma, e ambos matam o dragão. A suástica da serpente é um tema comum nas duas culturas. Com o tempo, os cristãos se apoderaram dos dois mitos pagãos, colocando São Miguel e São Jorge no lugar deles. No caso destes últimos, a serpente vermelha substitui a suástica.

Taautus (Taut)

Tido por Eusébio como o iniciador do culto da serpente na Fenícia. Sanconiaton considerava Taautus um deus, e afirma que ele criou a primeira imagem de Coelus e inventou os hieróglifos. Isso o associa a Hermes Trimegisto, também conhecido como Thot no Egito. Taautus consagrou a espécie dos dragões e das serpentes, e os fenícios e os egípcios o acompanharam nessa superstição.

Esse Taautus poderia muito bem ser uma memória do grupo que deu origem ao culto da serpente depois do dilúvio ou do final da última idade do gelo há 12 mil anos. A idéia do Taautus se relaciona com precisão com as histórias de Thot, que posteriormente tornou-se um grande sábio das crenças gnósticas e alquímicas. Thot foi divinizado após a sua morte (uma época que ninguém sabe qual é) e recebeu o título de "o deus da saúde" ou "o deus da cura". Ele era o protótipo de Esculápio, e foi identificado com Hermes e Mercúrio, bem como com todos os agentes de cura, sábios, mestres e salvadores, com todos aqueles associados à serpente em função dos seus poderes, bem como a todas as pessoas capazes de traçar o mapa das estrelas e os movimentos do tempo. Entretanto, era como o deus da cura que Thot era simbolizado com a serpente (apesar de ser normalmente representado com a cabeça de um íbis e de um babuíno).

Além disso, a letra ou símbolo *Tau* é a primeira letra de *Taautus, Tammuz* e *Thot*, e é considerada a "Marca de Caim".

Temos então muitos símbolos e referências ao Sol e à cobra. Com freqüência elementos que causam confusão estão em ação aqui, o que, em muitos casos, parece nos induzir ao erro e parecem estar "escondidos" simplesmente porque nos esquecemos da verdade genuína. Basicamente, podemos reduzir tudo isso a três partes simples e definidas que irão nos ajudar na nossa jornada.

Mas antes de empreendê-la, precisamos nos lembrar de que a palavra cobra deriva tanto do animal quanto do Sol.[111] Agora podemos ver claramente que a serpente era freqüentemente, porém não exclusivamente, usada como um símbolo dos movimentos do grande deus no céu — o Sol. Em segundo lugar, a cobra era um símbolo do deus interior — do que as pessoas conhecem hoje como iluminação. Em terceiro lugar, a cobra verdadeira e literal efetivamente ofereceu o seu corpo para que o usássemos. Criamos um Elixir da Vida a partir do seu veneno e do seu sangue, curamos a nossa pele com a sua pele e preparamos poções maravilhosas com as suas outras partes.

Em suma, a serpente ou cobra tem sido um poderoso elemento literal e físico, bem como uma parte simbólica proveitosa da nossa história. Na realidade, em todas as minhas pesquisas, simplesmente não descobri um símbolo mais potente e poderoso com múltiplos significados. Ian Fleming, ao usar os símbolos da serpente e do dragão, está revelando o seu conhecimento desses padrões simbólicos extremamente antigos.

APÊNDICE C

O NÚMERO 7

No corpo do livro eu me referi com freqüência ao número 7 e ofereci algumas idéias a respeito do seu significado. Um estudo do uso desse número é freqüentemente esclarecedor. Segue-se um pequeno conjunto de números 7 extraídos da história e da religião ao redor do mundo.

► Observamos no livro que Aleister Crowley escreveu um livro intitulado 777 e que James Bond recebeu o novo número, 7777. O número 7, e variações dele, são da mais profunda importância para o mundo das ciências ocultas, bem como para a religião, a astrologia, a alquimia, as tradições orientais e muitos outros.

► Crowley e as várias sociedades secretas da sua época, assim como Ian Fleming, recorreram a fontes bíblicas e de outros tipos para o seu trabalho. No Antigo Testamento, Lameque vive 777 anos. Podemos parafrasear o Gênesis 4:19-24 (usando interpretações etimológicas e numerológicas) da seguinte maneira: *O servo de*

Deus tomou duas mulheres, a luz e a escuridão. A luz gerou o pastor, que foi o pai dos que habitam tendas e têm gado, e o seu irmão foi o músico, que foi o pai dos que tocam harpa e órgão. Mas a escuridão deu à luz o ferreiro, o forjador de latão e de ferro, e a sua irmã foi o prazer. Assim, Lameque une a luz à escuridão, as dualidades opostas do pensamento maniqueísta e gnóstico, e os resultados são simbólicos, tendo sido utilizados por sociedades secretas como a maçonaria. Lameque fica cego e precisa ser conduzido pelo filho das serpentes, Tubal-Caim (seu filho), que é de extrema importância na tradição maçônica e oculta. Os maçons têm um símbolo e senha secreta chamados "duas bolas e bastão" que são duas bolas e um bastão que se parecem com o número 7 (070 ou 007) e representa Tubal-Caim. Ele é também um óbvio símbolo fálico. Lameque é a sétima geração de Caim — o personagem que vimos que era "marcado" no ombro esquerdo como James Bond.

Tubal-Caim era um artífice do trabalho em metal, e é considerado um dos primeiros alquimistas. Ele resultou da união promovida por Lameque, entre a luz e a escuridão, de modo que é o homem aperfeiçoado. Foi Tubal-Caim que, segundo a tradição maçônica, forjou os pilares de Tubal-Caim mais tarde copiados no templo por Hiram Abiff, descendente de Tubal Caim, como Joaquim (beleza) e Boaz (força) — JB. Grandes códigos de sabedoria foram inscritos nesses pilares para ser descobertos pelas gerações futuras, mantidos em segurança por Noé quando ele os descobriu depois do dilúvio. Dizem que eles seriam a origem de toda a doutrina oculta. De acordo com a tradição maçônica, *Tubal-Caim* significa "aquele que possui o mundo".

► De acordo com a numerologia indiana, o número 7 se encaixa perfeitamente em James Bond: místico, intuitivo, gosta de trabalhar sozinho, possuidor de um grande autocontrole e determinação, e dividido entre o mundo do racional e o mundo do inconsciente.

► Os sacramentos são em número de sete: temos os materiais, ou práticos, que são a unção, o casamento, a confissão e a ordenação, e a tríade espiritual, composta pela crisma, o batismo e a Eucaristia.

▶ As quatro fases da Lua mudam a cada sete dias, e os nossos ancestrais viam sete planetas: o Sol, a Lua, Mercúrio, Marte, Vênus, Júpiter e Saturno.

▶ A estrutura da Bíblia é setenária, baseia-se no número 7 — uma descoberta extraordinária feita por um homem chamado Dr. Ivan Panin há mais de cinqüenta anos, que continua sendo uma história praticamente não narrada. Panin era russo e morava nos Estados Unidos. Era um matemático brilhante, fluente em hebraico e grego, e agnóstico. Consta que devido a um interesse literário, ele decidiu ler o Antigo Testamento no idioma original, e tropeçou no que acreditou ser a prova matemática de que Deus existia.

Vamos começar examinando o alfabeto hebraico. Ele se compõe de 22 letras com cinco terminações adicionadas para formar três séries de nove, ou seja, 27 letras no total. Um número é atribuído a cada letra do alfabeto. Por exemplo, Aleph = 1 e Samech = 60. Por conseguinte, quando uma palavra, frase, parágrafo ou capítulo é escrito em hebraico, ele também possui um valor numérico.

Esse valor numérico, por sua vez, contém uma codificação espiritual, e quando o trecho é desmembrado, diferentes valores espirituais são encontrados para cada afirmação, palavra ou nome. Escolhi como exemplos alguns dos números mais importantes da Bíblia. O número 1 representa o início e a unidade. O número 3, a totalidade ou a plenitude. O número 12 é a perfeição dos administradores ou governantes. Assim, podemos constatar que as próprias palavras da Bíblia podem encerrar um significado ou uma idéia mais sutil.

Esse fato em si não é incomum, já que o latim também atribui números às suas letras. Até mesmo a língua inglesa contém uma espécie de numerologia. Por exemplo, quando tomamos os números conferidos à língua inglesa e calculamos o número para o nome de *Jesus Christ*, constatamos que obtemos o número 7. Isso é então traduzido como significando "o mistério". O impressionante é a absurda repetição do número 7 ou dos seus múltiplos no documento original hebraico.

Panin descobriu que no Antigo Testamento hebraico, chegava a haver setenta ocorrências desse tipo em cada texto. De texto para texto tinha lugar um incrível encadeamento abrangente de estrutura setenária, que prosseguia ininterruptamente ao longo de um único livro. Além disso, quando todos os livros são reunidos em um só, o mesmo encadeamento extraordinário ocorre, como se, de algum modo, eles estivessem destinados a estar juntos. Cada texto de cada livro, e cada livro do Antigo Testamento possui essa estrutura. Nada parece perturbar esse processo, nem mesmo a longa lista de nomes, que às vezes pode ser laboriosa.

▶ E o Novo Testamento dos cristãos?

Essa segunda parte da Bíblia foi escrita principalmente em grego. Letras são igualmente atribuídas a esse alfabeto. Por exemplo, Alfa = 1 e Ípsilon = 400. Por conseguinte, talvez ele também ele também tenha uma espécie de estrutura. E tem. É exatamente a mesma do Antigo Testamento. Mas não aceite a minha palavra; vamos examinar Marcos como exemplo.

Os 12 últimos versículos contêm sessenta características. Algumas são como se segue: Há 175 palavras (ou 25 x 7); 98 palavras (ou 2 x 7 x 7); 553 letras (ou 79 x 7); 133 formas (ou 19 x 7). Isso continua ininterruptamente ao longo de todo o Novo Testamento.

▶ Também pode ser digno de nota o fato que encontramos uma estranha numerologia medieval na língua inglesa. Isso funciona se escrevermos os números de 1 a 9 em uma linha, da esquerda para a direita, e o alfabeto debaixo dela, como se segue:

1	2	3	4	5	6	7	8	9
A	B	C	D	E	F	G	H	I
J	K	L	M	N	O	P	Q	R
S	T	U	V	W	X	Y	Z	

Se escrevermos "Jesus Christ" em números, teremos 15131389912, o que totaliza 43; se somarmos esses dois algarismos obteremos o total final: 7. Repetindo, assim como em hebraico e em grego, os números ingleses encerram um significado. O número 7 significa "misterioso e austero".

▶ O Josué bíblico deu a volta ao redor de Jericó (segundo alguns, a primeira civilização e lar do maior grupo de xamãs) sete vezes. Foram necessários sete estágios para esmagar o mundo pecaminoso ou natureza inferior.

▶ Sete céus são encontrados no Alcorão, na Bíblia e nas tradições dos xamãs e dos druidas. Esses sete céus também precisam estar relacionados com os níveis de iluminação associados ao sistema de chakras hindu, que correspondem aos planetas.

▶ Segundo a crença popular, existem sete *degraus* para o Céu, que podem ser encontrados em muitos zigurates e pirâmides.

▶ Existem sete pecados capitais e sete virtudes. Esses são métodos que visam equilibrar os desejos com a sabedoria. São os lados opostos da mesma moeda, desejos que precisam ser examinados.

▶ De acordo com a tradição, a vida tem sete ciclos, e isso emerge dos ciclos de iluminação à medida que vamos envelhecendo no caminho.

▶ Segundo a Igreja Cristã os sacramentos são em número de sete.

▶ A tradição judaica acredita que o sétimo filho do sétimo filho tem grandes poderes de cura.

▶ As botas mágicas, que possibilitam que quem as usa percorra sete léguas em um único passo, remontam à magia mítica dos gigantes ou homens de renome. Esses são os Egrégores ou Veladores, também conhecidos como Seres de Luz.

▶ A semana tem sete dias, o que corresponde aos dias da criação; o princípio criativo do homem precisa seguir o caminho sétuplo.

▶ A expressão hebraica equivalente a "prometer sob juramento" significa submeter-se à influência do sete, o que possivelmente poderia pressupor os sete planetas.

▶ Os heróis argivos na lenda grega são em número de sete.

▶ Os paladinos na lenda inglesa são em número de sete.

▶ Havia sete mares e sete maravilhas no mundo antigo.

▶ Existem sete dádivas do espírito, que estão obviamente relacionadas com o sistema dos sete chakras, iluminando o espírito interior.

▶ Os nagas da Índia adoram uma cobra de sete cabeças, também encontrada na Suméria no alto de uma árvore sagrada.

▶ Os deuses japoneses da sorte são em número de sete.

▶ Dizem que Maria experimentou sete alegrias/dores — uma vez mais, o equilíbrio dos opostos.

▶ Na Grécia havia sete Homens Sábios.

▶ As ciências são em número de sete:
1. Gramática
2. Dialética
3. Retórica
4. Aritmética
5. Música
6. Geometria
7. Astrologia

▶ Existem sete sentidos — segundo os antigos — sob a influência dos sete planetas do período clássico. Eles são, na realidade, os sete "planetas" existentes dentro de nós. O fogo ativa o movimento; a terra confere o sentido do tato; a água é responsável pela fala; o ar, pelo paladar; a névoa, pela visão; as flores, pela audição; e o vento do sul, pelo olfato.

- O espectro da luz contém sete tons elementares, que quando misturados formam o branco.
- Vemos também o tema do número sete no nível microcósmico: o átomo tem até sete órbitas internas, chamadas cascas de elétrons, e essas sete órbitas, cascas, ou níveis refletem os níveis do espectro eletromagnético.

O número 7 tem sido, e ainda é até hoje, o número mais importante e difundido utilizado pela humanidade por razões místicas. Ele se encontra no coração da religião, no ocultismo e até mesmo no átomo. É um número que une as coisas e determina os dias da semana. É o fio que percorre o nosso tempo e espaço, e é compreensível que Ian Fleming o tenha escolhido para o seu herói.

Notas

Introdução

1. *Kananga* é o nome de uma divindade das profundezas ou uma água benta usada em rituais de purificação, que se desenvolveu a partir das tradições africanas (angolanas) e ingressou na cultura vodu. Entretanto, esse foi apenas o nome no filme, *não* no livro, e acredita-se que ele tenha sido tomado de uma pessoa de onde a filmagem teve lugar.

2. Eco, *Rough Guide*, 30.

3. De acordo com o escritor Donald McCormick (pseudônimo Richard Deacon), John Dee assinava os seus memorandos com um "007", ou dois olhos seguidos do número oculto 7, o que significa que ele oferecia a sua visão física e a sua visão oculta — tornando desse modo Bond um agente oculto. Ian Fleming trabalhou com Donald McCormick no serviço secreto durante a Segunda Guerra Mundial!

4. Olho de Ouro. (N.T.)

5. Dedo de Ouro Áurico. (N.T.)

Capítulo 1

6. Peter Fleming ganhou notoriedade como <u>escritor</u> e <u>novelista</u> com os livros Brazilian Adventure (<u>1933</u>) sobre uma expedição no interior do estado de <u>Mato Grosso</u> e News from Tartary (<u>1936</u>), descrevendo uma viagem que fizera de <u>Pequim</u> à <u>Caxemira</u>. (N.T.)

7 Autobiografia de Adolf Hitler. (N.T.)

8 Livro de autoria de Charles Darwin, publicado em português com o título *A Origem das Espécies*. (N.T.)

9 Lee, *Lord.*

10 Pearson, *Life.*

Capítulo 2

11 Publicado em português com o título *Viva e Deixe Morrer*. O título do filme no Brasil é *007 — Viva e Deixe Morrer*. (N.T.)

12 Eco, *Rough Guide*, 36.

13 Publicado no Brasil com o título *O Foguete da Morte*. O título do filme no Brasil é *007 Contra o Foguete da Morte*. (N.T.)

14 Publicado no Brasil com o título *Diamantes São Eternos*. O filme foi lançado no Brasil com o título *007 — Os Diamantes São Eternos*. (N.T.)

15 O filme foi lançado no Brasil com o título *Moscou Contra 007*. (N.T.)

16 O filme foi lançado no Brasil com o título *007 Contra o Satânico Dr. No*. (N.T.)

17 O filme foi lançado no Brasil com o título *007 Contra Goldfinger*. (N. T.)

18 O livro foi publicado no Brasil com o título *Para Você, Somente*. O filme foi lançado com o título *007 — Somente Para Seus Olhos*. (N.T.)

19 O filme foi lançado do Brasil com o título *007 — Na Mira dos Assassinos*. (N.T.)

20 O filme foi lançado no Brasil com o título *007 - Contra a Chantagem Atômica*. (N.T.)

21 O filme foi lançado no Brasil com o título *007 — o Espião Que Me Amava*. O livro lançado no Brasil pela Editora Record com o título *James Bond, em: 007 o Espião Que Me Amava* é a tradução de uma adaptação do filme para livro, feita pelo roteirista do filme, Christopher Wood, e não a tradução do livro original de Ian Fleming. O conteúdo dos dois livros é completamente diferente. (N.T.)

22 Livro publicado no Brasil com o título *A Serviço Secreto de Sua Majestade* e o filme foi lançado com o título *007 — A Serviço Secreto de Sua Majestade*. (N.T.)

23 O filme foi lançado no Brasil com o título *Com 007 Só se Vive Duas Vezes*. (N.T.)

24 O autor está se referindo ao versículo que ele cita no original em inglês: *The grace of our Lord Jesus Christ be with you all. Amen*. (N.T.)

25 O filme foi lançado no Brasil com o título *007 Contra o Homem da Pistola de Ouro*. (N.T.)

26 *Ibid.*, 45.

Capítulo 3

27 Pearson, *Life.*

28 Ibid., 38.

29 Ibid., 43.

30 Ibid., 47.

31 Ibid., 53.

Capítulo 4

32 Sacerdotes zoroastristas. (N.T.)
33 *www.wikisource.org*, traduzido por Arthur Edward Waite, 1888.
34 *www.britflicks.com.*
35 Jaffe, *Memories.*
36 Ibid.

Capítulo 5

37 A palavra que está em negrito no original é **bond,** que significa elo, vínculo. O autor está certamente aludindo ao fato de Ian Fleming ter chamado o herói dos seus romances de James Bond. (N.T.)
38 O autor está fazendo referência a Lancelot, cavaleiro por quem a Rainha Guinevere se apaixona. (N. T.)

Capítulo 6

39 Serviço Secreto de Inteligência inglês. (N.T.)
40 *www.leninimports.com/Rudolf_hess_and_the_royals.html.*
41 Pearson, *Life,* 127.
42 Ibid.
43 Ibid., 128.
44 "Que o Feito Apareça". (N.T.)
45 Ibid., 165.
46 *http:em.wikipedia.org/wiki/Thriling_Cities.*
47 Pearson, *Life,* 167.
48 Ibid., 172.
49 Ibid., 168.
50 Ibid., 200.
51 Ibid., 226.
52 Ibid., 227.
53 Ibid., 235.
54 Ibid., 236.
55 Ibid., 259.
56 Ibid.
57 Ibid., 246.
58 Ibid., 365.
59 Military Intelligence section 6. Abreviatura, no Reino Unido, do departamento do governo responsável pelos assuntos de segurança interna e contra-inteligência no exterior (hoje oficialmente chamado de Secret Intelligence Service). (N.T.)
60 Military Intelligence section 5. Abreviatura, no Reino Unido, do departamento do governo responsável pela segurança interna e pela contra-inteligência em território britânico (hoje oficialmente chamado de Security Service). (N.T.)
61 Mackay, *Extraordinary,* 290.
62 www.crcsite.org/dee1.htm.
63 Inglaterra, em latim. (N.T.)

64 *Os Mestres*, Editora Pensamento, SP, 1983 (fora de catálogo).

65 No original, *black propaganda*, propaganda que afirma pertencer a um dos lados de um conflito, quando na verdade é proveniente do lado oposto. Ela difere da *grey propaganda* (propagando cinza), que não define com clareza a sua origem, e da *white propaganda* (propaganda branca), que declara com veracidade a sua origem. (N.T.)

66 *http://clutch.open.ac.uk/schools/emerson00/pwe_research_units.html.*

Capítulo 7

67 Lycett, *Ian Fleming.*

68 Within, *Trail*, 206.

69 Fleming, *Dr. No.*

70 Verme em inglês é *worm.* A palavra *orm* significa serpente no norueguês antigo, bem como no dinamarquês, norueguês e sueco modernos. (N.T.)

71 Traduzido em 1997 por Scott J. Thompson. Ver *www.wbenjamin.org.*

72 "Teoria da terra; ou uma investigação das leis observáveis na composição, dissolução e restauração da terra sobre o planeta". (N.T.)

73 "Um novo e fulminante mercúrio". (N.T.)

74 A série era conhecida no Brasil como *O Prisioneiro.* (N.T.)

75 "A Jovem Que Era a Morte". (N.T.)

76 Whitegead, "The Prisoner".

77 "O Badalar do Big Ben" (N.T.)

78 Ibid.

79 Pearson, *Life*, 226.

Capítulo 8

80 Pearson, *Life*, 327.

Capítulo 9

81 Lycett, *Ian Fleming.*

82 Ibid., 340.

83 Pearson, *Life.*

Capítulo 10

84 Jung, *Psychology.*

85 Jaffe, *Memories*, 200.

86 Ibid., 192-193.

87 Hoeller, "C.G. Jung".

88 Ibid.

89 "A Psicologia da Transferência". (N.T.)

90 Ibid.

91 Ellman e O'Clair, *Norton Anthology*, 449.

92 "Edith Sitwell".

93 Ibid.

NOTAS ◗◖ 227

94 "will never 'bond'" no original, com a alusão óbvia ao nome de James Bond. (N.T.)
95 Ibid.
96 Ravin, "Sybil Leek".
97 Título de um dos livros de Ian Fleming, que significa "Somente para os Seus Olhos", título do filme no Brasil. (N.T.)
98 Wooley, *Queen's*, 38.
99 Ibid., 71.
100 Em uma universidade inglesa, o Under-Reader é o auxiliar do Reader, ou seja, aquele que oficialmente aprova os textos que são indicados e ensinados aos alunos. (N.T.)
101 Ibid., 14.
102 Howard, *Occult*, 136.

Capítulo 11

103 Tiago, em português. (N.T.)
104 Existem muitas discussões a respeito da Marca de Caim. Alguns afirmam que era pele negra, e que isso era utilizado por motivos racistas, mas a crença esotérica diz que ela é uma marca xamanista na mão ou no ombro.
105 O autor coloca no original, em colchetes, *[i.e., um vínculo!]*, ou seja, *Bond*, em inglês. (N.T.)
106 Rees, *Just Six*, 55.
107 Ibid., 57.

Apêndice A

108 Jaffe, *Memories*, 391.

Apêndice B

109 Outro nome para cobra, em inglês. Víbora. (N.T.)
110 Instrumento de percussão que consiste de tigelas empilhadas com as maiores em cima e a parte côncava para baixo que são tocadas com um triângulo ou uma espécie de martelo que desliza pelas tigelas. (N.T.).
111 Em inglês *cobra* é *snake*, e o autor diz que pode ser desmembrada como *sun-ake*. *Sun* em inglês é sol. (N.T.)

BIBLIOGRAFIA

Ableson, J. *Jewish Mysticism*. Londres: G Bell and Sons Ltd., 1913.

Andrews, R. e P. Schellenberger. *The Tomb of God*. Londres: Little, Brown, and Co., 1996.

Ashe, Geoffrey. *The Quest for Arthur's Britain*. Londres: Paladin, 1971.

Baigent, Michael e Richard Leigh. *The Temple and the Lodge*. Londres: Arrow, 1998.

Balfour, Mark. *The Sign of the Serpent*. Londres: Prism, 1990.

Barrett, David. *Sects, Cults and Alternative Religions*. Londres: Blandford, 1996.

Bayley, H. *The Lost Language of Symbolism*. Londres: Bracken Books, 1996.

Blavatsky, H. P. *Theosophical Glossary*. Whitefish, Mont.: R.A. Kessinger Publishing Ltd., 1918.

Borchant, Bruno. *Mysticism*. Centennial, Colorado: Weisner, 1994.

Bord, Colin e Janet Bord. *Earth Rites: Fertility Practices in Pre-Industrial Britain*. Londres: Granada Publishing, 1982.

Bouquet, A. C. *Comparative Religion*. Londres: Pelican, 1942.

Bradley, Michael. *The Secret Societies Handbook*. Londres: Cassell, 2005.

Carr-Gomm, Sarah. *Dictionary of Symbols in Art*. Londres: Duncan Baird Publishers, 1995.

Clarke, Hyde e C. Staniland Wake. *Serpent and Siva Worship*. Whitefish, Mont.: R.A. Kessinger Publishing Ltd., 1877.

Cooper, J. C. *An Illustrated Encyclopaedia of Traditional Symbols*. Londres: Thames and Hudson, 1978.

Davidson, H. R. Ellis. *Myths and Symbols of Pagan Europe.* Syracuse, N.Y.: Syracuse University Press, 1988.

Deacon, Richard. *John Dee: Scientist, Geographer, Astrologer and Secret Agent to Elizabeth I.* Londres: Frederick Muller, 1968.

Deane, John Bathurst. *The Worship of the Serpent Traced Throughout the World: Attesting the Temptation and Fall of Man by the Instrumentality of a Serpent Tempter, Second Edition.* Cidade e editora desconhecidos, 1833.

Eco, Umberto. *The Rough Guide to James Bond.* Londres: Haymarket Publishing, 2002.

"Edith Sitwell: A Nearly Forgotten Poetess." Texto da Arkansas School for Mathematics and Sciences, 1997. *http://asms.k12.ar.us/classes/humanities/brtitlit/97.98/sitwell/Sitwell.htm.*

Ellman, Richard e Robert O'Clair, orgs. *The Norton Anthology of Modern Poetry.* Londres: W. W. Norton and Company, 1988.

Ferguson, Diana. *Tales of the Plumed Serpent.* Londres: Collins and Brown, 2000.

Fleming, Ian. *Casino Royale.* Londres: Pan Books, 1964.

——————. *Diamonds Are Forever.* Londres: Pan Books, 1956.

——————. *Dr. No.* Londres: Pan Books, 1958.

——————. *For Your Eyes Only.* Londres: Pan Books, 1969.

——————. *From Russia With Love.* Londres: Pan Books, 1957.

——————. *Goldfinger.* Londres: Pan Books, 1959.

——————. *Live and Let Die.* Londres: Pan Books, 1954.

——————. *The Man With the Golden Gun.* Londres: Pan Books, 1965.

——————. *Moonraker.* Londres: Pan Books, 1955.

——————. *Octopussy.* Londres: Pan Books, 1966.

——————. *On Her Majesty's Secret Service.* Londres: Pan Books, 1963.

——————. *The Spy Who Loved Me.* Londres: Pan Books, 1962.

——————. *Thunderball.* Londres: Pan Books, 1961.

——————. *You Only Live Twice.* Londres: Pan Books, 1964.

Fontana, David. *The Secret Language of Symbols.* Londres: Piatkus, 1997.

Fortune, Dion. *The Mystical Qabalah.* Nova York: Weiser Books, 2000. [*A Cabala Mística*, Editora Pensamento, SP, 1984].

Gardiner, Philip. *Gnosis: The Secret of Solomon's Temple Revealed.* Franklin Lakes, N.J.: New Page Books, 2006. [*Gnose: A Verdade sobre o Segredo do Templo de Salomão*, Editora Pensamento, 2008]

——————. *Secrets of the Serpent.* Los Angeles: Reality Press, 2006.

Harrington, E. *The Meaning of English Place Names.* Belfast, Irlanda: The Black Staff Press, 1995.

Hoeller, Stephan A. "C. G. Jung and the Alchemical Renewal." *www.gnosis.org/jung_alchemy.htm* (acessado em fevereiro de 2008).

Howard, M. *The Occult Conspiracy.* Rochester, N.Y.: Destiny Books, 1989.

Jaffe, Aniela, org. *Memories, Dreams, Reflections of C. G. Jung.* Nova York: Vintage, 1963.

Jennings, Hargrave. *Ophiolatreia.* Whitefish, Mont.: Kessinger Publishing Ltd., 1996.

Jones, Alison. *Dictionary of World Folklore.* Nova York: Larousse, 1995.

Jung, Carl. *My Life.* In *Collected Works,* editado por Herbert Read, Michael Fordham e Gerard Adler, traduzido por R. F. C. Hull. Nova York: Pantheon, 1953.

_____ . *Psychology and Literature.* Princeton, N.J.: Princeton University Press, 1966.

Kauffeld, Carl. *Snakes: The Keeper and the Kept.* Londres: Doubleday and Co., 1969.

Lapatin, Kenneth. *Mysteries of the Snake Goddess.* Boston: Houghton Mifflin, 2002.

Lee, Christopher. *Lord of Misrule: The Autobiography of Christopher Lee.* Londres: Orion, 2004.

Lévi, Eliphas. *Transcendental Magic.* Londres: Tiger Books, 1995.

Lycett, Andrew. *Ian Fleming.* Londres: Phoenix, 1995.

Mackay, Charles. *Extraordinary Popular Delusions and the Madness of Crowds.* Londres: Wordsworth, 1995.

Mann, A. T. *Sacred Architecture.* Londres: Element, 1993.

Oliver, George. *Signs and Symbols.* Nova York: Macoy Publishing, 1906.

Pearson, John. *The Life of Ian Fleming.* Londres: Aurum, 2003.

Pennick, N. *Sacred Geometry.* Chievely, UK: Capall Bann, 1994.

Pike, Albert. *The Morals and Dogma of Scottish Rite Freemasonry.* Londres: L. H. Jenkins, 1928.

Rabten, Geshe. *Echoes of Voidness.* Londres: Wisdom Publications, 1983.

Radin, Dean. *The Conscious Universe.* Londres: HarperCollins, 1997.

Ravin, C. "Sybil Leek: 20th Century Witch-Astrologer." *www.lovestarz.com/leek.html* (acessado em fevereiro de 2008).

Read, Anthony. *The Devil's Disciples: The Lives and Times of Hitler's Inner Circle.* Londres: Pimlico, 2003.

Rees, Martin. *Just Six Numbers.* Londres: Phoenix, 2000.

Rinpoche, Lati, Denma Locho Rinpoche, Leah Zahler e Jeffrey Hopkins. *Meditative States in Tibetan Buddhism.* Londres: Wisdom Publications, 1983.

Roberts, J. M. *The Mythology of the Secret Societies.* Londres: Granada, 1972.

Russell, Peter. *The Brain Book.* Londres: Routledge, 1980.

S. Acharya. *The Christ Conspiracy: The Greatest Story Ever Sold.* Stelle, Ill.: AVP, 2003.

Scott, Ernest. *The People of the Secret.* Londres: The Octagon Press, 1983.

Sharper Knowlson, T. *The Origins of Popular Superstitions and Customs.* Londres: Senate, 1994.

Simpson, Paul, org. *The Rough Guide to James Bond.* Londres: Haymarket, 2002.

Snyder, Louis L. *Encyclopaedia of the Third Reich.* Londres: Wordsworth, 1998.

Stone, Nathan. *Names of God.* Chicago: Moody, 1944.

Taylor, Richard. *How to Read a Church.* Londres: Random House, 2003.

Thomson, Ahmad. *Dajjal the Anti-Christ.* Londres: Ta-Ha Publishers Ltd., 1993.

Thomson, Oliver. *Easily Led: A History of Propaganda.* Gloucestershire, UK: Sutton Publishing, 1999.

Toland, John. *Hitler.* Londres: Wordsworth, 1997.

Wake, C. Staniland. *The Origin of Serpent Worship.* Whitefish, Mont.: R. A. Kessinger Publishing Ltd, 1877.

Walker, B. *Gnosticism.* Wellingborough, UK: Aquarian Press, 1983.

Weber, Renee. *Dialogues with Scientists and Sages: Search for Unity in Science and Mysticism.* Londres: Arkana, 1990.

Weisse, John. *The Obelisk and Freemasonry*. Whitefish, Mont.: R. A. Kessinger Publishing Ltd., 1996.

Whitegead, John W. "The Prisoner of the Mind". 29 de março de 2006. *www.prisonplanet.com/articles/march2006/290306prisoner.htm* (acessado em fevereiro de 2008).

Within, Enquire. *Trail of the Serpent*. Editora, autor (supostamente "Enquire Within") e data mantidos em segredo.

Woolley, Benjamin. *The Queen's Conjuror*. Londres: HarperCollins, 2001.

Yates, Frances Amelia. *Majesty and Magic in Shakespeare's Last Plays*. Boulder, Colorado: Shambhala, 1978.